日本一役に立つ！

龍の授業

小野寺Ｓ一貴［著］

東邦出版

はじめに

古《いにしえ》の時代より、人間は祭壇に護符を捧げ呪文を唱えることで龍神を召喚《しょうかん》する。そして龍神と人間は契約を結び……

「そんなわけないがね！」

クワーーーっ！　部屋に響いてくる我が家の龍神の声。その名はガガ。妻、ワカを守ってくれている龍神様だ。

「おい、おまえら！　そりゃ一体どういうことかね？」

「実は最近よく聞かれるのよ。龍神と契約するためにはどうすればいいんですか？って。龍神のイメージってなんかそんな感じみたい」

シレーっと答えるワカに感心する。空気、ピシピシ。張り詰めるムードに押される僕。なんといっても相手は龍神様である。

「なに、ケーヤクだと？　おまえらは友達つくるのにいちいち契約するのかね？」

「し、しませんしませんっ！　でも皆さん龍神は契約するものだとか、召喚するものだとか、そんな先入観が多いのも事実みたいで、しどろもどろ」

僕はとりあえず聞かれたことをそのまんま話す。

「そもそも『召喚』って呼びつけるって意味だろ。失礼な！　我はおまえらと契約したかね？　好いて一緒にいてはいかんのかね？　さあ、答えろ！」

「もちろん僕らも好きです！　ガガさん、ＬＯＶＥ！」

僕は大袈裟に両手を広げた。

「ふん、わかればいいのだ。前にも言ったが、龍神は世界中にうじゃうじゃおるのだ。人間なんかよりもずっと多くな」

「はい。そう聞いております」

思い返して答える。小さいのから大きいのまで、龍神様はいっぱいいるという。

「それだけいれば、いろんな性格や役割の龍神がいるのは当然だがね」

「つまり龍神たちも一様ではないってことね？」

　ワカが聞く。

「さよう。おまえら人間だって一様じゃないだろ。仕事はできるが人付き合いは苦手なヤツ。逆に人気者だが、仕事ではおっちょこちょいだったり、絵がうまいヤツもいれば、スポーツが得意なヤツだっておる」

「確かに一人の人間を見て、人間すべてを判断することはできませんよね」

「契約を結ばなければ関係を持てない龍神もいるにはいるが、それは特別な場合に過ぎん。それなのに龍神みんながそうだと判断されては実に困るのだ！」

　ガガの言葉にますます力が入る。

「確かに遠い昔、力のある龍神が人間の仏法を守ったりもしたがね」

「経典にも残ってますもんね」

　僕はかつて調べまくった史実を思い出しながら言った。

「あれは特別な例なのだ。世に溢れる多くの龍神は人間と仲良くし、役に立ちたいと思っておる。人間とコンビを組んで日々をルンルンしたいのだよ」

　ルンルンって。相変わらずかわいい表現をする龍神様だ。

「では、契約とか召喚とかは？」

「何度も言わせるなよ、そんなもん必要ないがね。そもそも神様を呼びつけるな！」

「言われてみれば、ごもっとも」

「おまえら！　少しは龍神のことを理解して人間たちに広めてくれると期待しておったが、全然ではないか」

「す、すみません」

僕は恐縮して頭を下げる。

「いま、たくさんの龍神が自分と仲良くなってくれる人間を探している。呪文だの召喚だの、そんなダークなイメージを植え付けられては困るのだ。我が上から叱られたら、どう責任取るつもりかね？」

なるほど、ガガは僕たちを通して龍神の理解を広めることを任されているらしい。どうやら「上司」に。

「仕方ないがね。こうなったらいま一度、我がみっちり『龍神とはなんぞや？』を教えてやる。だからもっとちゃんと世に伝えるがね！」

「は、はいっ！」

そんなこんなで僕たちは妻を守る龍神ガガに、「だから龍神ってなんなの？　なにを助けてくれるの？」という、基本的なことから改めて話を聞くことになったのです。僕の名前は小野寺Ｓ一貴。通称タカ。ガガとの会話は直接できません。じゃあ、どうしているかというと……

「もう！　ガガはいちいちうるさいわね！」

寝起きの我が妻、ワカ。相変わらずのカスカス声です。そう、ガガとの会話は妻を介して行われています。そもそも龍神とはなにか？　龍神の役割、人間とのかかわり方とは？　そして、神社の神様との関係は？　そんな疑問を一つ一つ解決していこうと思います。でないと……

「おい。まだかね！　我は忙しいのだ。早く話を進めるがね！」

ガガ先生がうるさいので（笑）。

さあ、龍の授業の始まりです！

1時限目 龍神ってなに？ 気になるアレコレを聞いてみた

2時限目 龍神とコンビを組むための3ステップ

3時限目 龍神から聞いた幸せの法則

4時限目

とかくこの世は人間関係。心が晴れるお悩み解消術

5時限目 日本の神様ルールを守れば、ご利益だって自由自在

本書の登場人物

◉小野寺S一貴（タカ）

元エンジニアで物事を論理的に考える堅物。古事記のうんちくを語らせたら天下一品。頭も心も固く一度は龍神に見放されるも、落ちこぼれ龍神の黒龍と共に崖っぷちから這い上がり成長する。いまでは、「我の教えを世に出すがね」という龍神ガガの言葉に従い、龍神の教えを広めるべく作家として奮闘中。セント君に似ている。

◉ワカ

タカの妻。子供のころから見えない世界がわかる体質だったが、長いあいだその身に起きるさまざまなことをスルーしてきた自称「無神論者」。しかし、龍神ガガと対面を果たし龍神の教えを試験的に実践したところ、物事がどんどん好転するのを体感し、ようやく「神様はいる」と思い始めた。朝が苦手でコーヒーが好き。情にもろい。

◉龍神ガガ

ワカを子供のころから守っていた白い龍神。「守っているヤツの格が下がると我まで疑われる」と、ワカの指導に力を入れに現れた。しゃべるときになぜか語尾に「〜だがね」が付く（名古屋弁？）。人間の世界に興味津々で、思いついたらやらずにはいられないハチャメチャな性格。最近、面倒な説明は黒龍にさせることを覚えた。全国にファンがいる。

◉黒龍

ガガの采配によってタカとコンビを組むことになった龍神。頭が固く、ほかの龍神と馴染めずに一人よがりで、影のような身体の落ちこぼれの龍神だった。タカと共に数々の試練を乗り越え立派な龍神に成長したが、黒龍という名前のせいか色は黒いまま。ガガの教えをタカやワカにわかりやすく解説してくれる。ピンク色に憧《あこが》れているらしい。

1時限目

龍神ってなに？
気になるアレコレを聞いてみた

神様と龍神と人間は、持ちつ持たれつの関係

それは、愛する妻と偉大な龍神の小さなイザコザから始まった。

「結局さ、龍神ってなんだろうってみんな思ってるのよね」

朝陽が降り注ぐリビング。僕がパソコンに向かっていると妻、ワカが言った。確かに前作がヒットして龍神が流行りだしてから、そんな質問を受けるようになった。

「人間を助けてくれる大きなエネルギーとか見えない力だってことはわかったけど、その正体は不明なわけでしょ？　もっとちゃんと知りたいと思うわけ」

「正体不明とは失礼な。龍神は龍神だがね！」

「そうは言ってもちゃんと解明したいのよ、私は」

龍神ガガVS妻ワカ。ガガはワカを守ってくれている龍神様だ。ワカが子供のころからそばにいたらしいが、あるとき「守っているヤツらの格が落ちると我の格まで疑われる」と僕たちの前に突然現れたのだ（まあ、その格が落ちてるヤツが僕だったんだけど）。

僕はエンジニアだったせいか頭が固く、なんでも理論的に説明を求めるリアリストだ。だから突然現れた「龍神」という存在を素直に受け入れることができずに苦労した。あのときの記憶が蘇ってくる。

「だいたい、ガガの説明はわかりづらいのよ、ザックリ過ぎてさ」

台所でコーヒーをすすりながら妻が言う。相変わらず歯に衣着《きぬ》せぬ物言いだ。龍神相手でもそれは変わらない。

「それはおまえがバカなだけだがね。我々龍神は人間の祈りによって生まれ、人間のウマい魂を喰って生きていると言ったではないか。共存共栄、それが人間界と神様界の普遍的関係だ！」

ガガもバッサリ言い放つ。ちなみにガガとの会話はすべて妻、ワカを介して行われる。気配はわかるが、僕には龍神の声は聞こえない。

そして、ワカも科学大好きリアリスト。「すべてのことには理由がある」が彼女の信条。

「あの、ガガさんはよく『龍神は人間の魂を喰う』とおっしゃいますが、そこをもっと詳しく聞きたいって声が続々届いてるんです。具体的には無理ですか？」

僕も聞く。

どういうわけか、ガガは自分から細かく説明することができない。だから、そんなときは質問してみるのだ。間違ったことを聞くと怒って否定するが、そこから芋づる式に正しいことを教えてくれたりする。嘘がつけない龍神様である。

「くわーっ！　おまえらそんなことも説明できんのかね？　やはりそろってバカだがね」

「そ、そんなバカバカ連発しなくても」

僕、さりげなく抵抗。

「いいかね。龍神も人間も、あとは神様だって皆がこの世に共存しているのだよ」

「同じ空間にいるわけですよね」

「おまえたちが三度の食事で栄養を取るように、我々龍神だって栄養がなければ動けんのだ。その栄養となるのが人間のウマい魂だと言っただろう」

「ええ。で、具体的にはどんな魂がお好きなんでしたっけ？」

ここはより具体的な話を引き出したいところだ。

「我々龍神が好きなのは、甘くてウマい魂だがね。そのうま味成分の元はワクワクした気持ちだと言ったよな。人間は『うれしいとき』『喜んだとき』『成長したとき』なんかに気持ちがいいだろ？」

「ですね」

「特にだれかを喜ばせて、自分もうれしい気持ちになったときの人間の魂はウマい」

「他人を喜ばせたときの？　どーゆーこと？」

ワカが聞き返す。偉大な龍神は続けた。

「まず、我々は自分たちだけでは生きられない存在だ。人間の祈りで生まれ、その魂を喰って生きている。我々は魂という食料のお返しに、人間を現実社会でサポートするのだ。互いが互いのための幸せを与え合うのがルールだからな」

「じゃあ人間がいて初めて龍神や神様も存在するってわけか。それで共存共栄なのね。ガガも初めからそう言えばいいじゃん」

ワカの言い分にガガは「ふん」と鼻を鳴らした。

「だれにだって目に見えぬなにかの力を感じる瞬間が必ずあるがね。そんなときは往々にして我々が手を貸している。ウマい食料をくれた人間にはそれ相応のお返しをするがね」

わかるような、わからないような。

「つまりだね。他人を喜ばせようとする魂はウマいのだ。そう思わんかね？　自分だけでなく周りの人間の幸せも望めるなんて、よくできたヤツではないか」

「なるほど。自分だけ良ければいいって人にはない考えだもんね」

ワカが相槌を打つ。

「そういう人間はその心意気だけですでにウマい魂になっている。砂糖とうま味調味料が振りかけられた龍神好みの魂さ。よだれが出るがね」

舌なめずりするガガ。

それならわかりやすい。早速「龍神の教えノート」にメモを取る。カリカリカリカリ。

授業にノートは必需品だ。

「じゃあさ、他人を陥れたりバカにして喜ぶような人は嫌いだよね？」

「ふん。そんな魂は喰えたもんじゃないがね。龍神はマズい魂は喰わんのだ」

「ははあ。同じ『笑わせる』のでも、人をバカにして笑うのは違うんですね」

「当たり前だろ。そんな下衆《げす》な笑いでワクワクするかね！」

そう言うと、ガガがこちらに顔を向けて聞いてきた。

「タカや、おまえは人がバカにされているのを見て気持ちいいかね？」

「いや、悪いです」

「なぜだね？」

ガガがさらに問うてくる。ここに深い意味が隠されているのか？

それは……。僕はちょっと考えてから言った。

「他人が不幸になっているから」

「そうなのだ」

ガガは続けた。

「人を不幸な気持ちにして笑うのは、喜びとは大きく違う。そんなヤツの魂がウマいわけないがね。我々は人間、言わば他者を幸せに導くための存在なのだよ。だから我々龍神を幸せな気持ちにさせてくれない人間は好かんのだ」

だれかを喜ばせてその笑顔を見る。するとなんかうれしくなって、自分も幸せを感じる。あったかくなる。他者を思う気持ちが龍神をも救うわけだ。

それならわかる。脳科学でも、明るくて楽しい人と触れ合うだけで心が活性化して元気になることが証明されている。つまり、**幸せや元気の連鎖は自分で起こせる**のだ。

さすがガガ。僕がそう思ってノートから顔を上げると突然、

「おはようだがね！」

思い出したようにガガが雄たけびをあげた。

「あ、あ、おはようございます？」

なんだ突然。まさかいままでは眠っていて寝言だったなんてことは、ないよな。

「挨拶は基本だがね。我はまだおはようの挨拶をしてなかったのだよ。いま気付いたのだ。さて、今日はなにを学びたいかね？」

偉大なる龍神は、ノリノリで話しだした。相変わらずのガガペース、果たして僕はついていけるのだろうか。

龍神を生み出した本当の「祈り」とは？

氏神様である愛宕神社《あたごじんじゃ》からの帰り道、僕はふと思った。

「ところでガガさん、この手の本によく出てくる『祈り』ってやつなんですが」

「なんだね、唐突に」

おまえだってこの手の本を書いてるがね的な台詞《せりふ》が顔に書いてある。見えないけど。

「祈りって、神社や神棚に手を合わせて拝むとか、なにかをお願いすることなんでしょうか？　具体的な祈りの定義ってあるんですかねえ？」

素朴な疑問だ。ひと口に「祈り」と言ってもただ念じるだけでよいのか？　特別な場所に行って手を合わせることなのか？　普段使っている言葉でも、よくよく考えてみるとわからないことは意外にある。

「ふうむ」とうなってからガガは答えた。

「まず、**『祈る』というのは『意を宣《の》る』。つまり、自分の意思を相手に宣言するということ**だがね」

「意思を宣言？　神様にってことですよね」

これは興味深い。

「自分がなにをしたいのか？　どうありたいと望むのか？　それを自分の言葉で神様に宣言するのだ。単純だろ？　それが『祈り』さ」

「なりたい自分を神様に伝えればいいってこと？」

ワカが話に入ってくる。確かに自分の希望を言わなきゃ、相手には伝わらない。

「さよう。しかし口で言うだけでは、まだ半分しか伝わっていないのだ」

「ええ？　ちゃんと言ったんだから、神様はわかってくれるんじゃないの？」

「うん。自分の本音を言うのって結構恥ずかしいですよね。だからなるべく簡単に済ませたいというか」

　僕も思わず本音が出る。

「まったく罰当たりな連中だがね。ではタカや。あの子供たちを見てなにを感じるかね？」

　ガガに言われて僕たちは遠くに目をやった。夕暮れどきのグラウンド。少年たちが大きな声を出して、野球の練習をしていた。泥んこのユニフォームがあっちへこっちへ、必死にボールを追いかけている。金属バットの音が響く。

「試合が近いんでしょうね。勝つために頑張って練習している。なんか懐かしいなあ」

　少年時代を思い出す。レギュラーにはなれなかったけど、僕も野球が大好きだった。

「そうさ。勝ちたいという思いがあの姿から伝わってくる。それが行動だ」

　ガガが我が意を得たりという口調で続ける。

「**言葉と行動。その両方を見て神様や我々龍神は、本当の祈りだと初めて認識できる**のだ。

　神社で必死にお願いするだけが祈りではない。神様に自分のやりたいことを宣言したら、あとはそれに向けて行動する。それが実現できるよう『後押し係』として我々龍神は存在しているのだよ。いきものがかりと似たようなもんだがね」

い、意味がわからない……。

「だが残念ながら、いま人間の祈りが我々に届かなくなっている」

「え？　ちょっと、どういうこと？」

慌てた様子でワカが聞いた。

「祈りとは自分の意思を宣言し、相手に伝えることだと言ったな。しかしいまの世、人間同士ですら自分の意思をうまく伝えられんヤツが増えているのだよ、嘆《なげ》かわしい」

「わかる〜。コミュニケーションがうまく取れない人が多いってことでしょ？」

「その通りだがね。人間同士でも意思疎通できないヤツがだよ、果たして神様に正しく意思を伝えられるのかね？　しかもいまはあの板で人と会話をするんだろ？板で！」

「あ、スマホですね」

板＝スマホ（ガガ辞典より）。

「確かに文字だけでは相手の顔も見えないし、正しく伝わらないことも多いでしょうね。特に感情なんか心の部分は」

「相手に伝える方法は、なにも言葉や文字だけではないがね。昔、文字もなかった時代の人間は、絵を描いて伝えたのだよ」

「あ、フランスのラスコー洞窟の壁画なんて後期旧石器時代のものと言われてますよね。2万年の時を超えて、当時の人たちの思いがいまに届いているなんてすごいです」

時空を超えてだれかの心に届く思いとは、なんというロマンだろう。

「わかった！　祈りって『究極の表現』なんだと思う。建て前の言葉じゃなく、絵も踊りもちょっとした仕草も、相手に届けばなんでもいいのよ。相手に自分の意思を正しく伝えることが祈り。だから絶対の定義はないのよ」

「さよう。だから人間同士のコミュニケーションがうまいヤツは神様に願いを届けるのも上手なのさ。自分を偽らず、心に正直に行動する。真意が伝われば受けた相手も助けてくれる。神様も同じだ。そういうヤツを助けたくなるのがこの世の真理なのさ」

目標に向けて真剣に行動する人間の強い思いが龍神を生み出した。いつの時代も人間は夢を追いかけ、万物に感謝をし、その畏敬の念から神様が生み出され人間を助けてくれた。それこそ本当の「祈り」ということなのだろう。なるほど。

龍神と仲良くなれば、願いの叶い方がガラッと変わる

僕には願い事がたくさんある。家内安全、千客万来、一攫千金、空前絶後、違う違う！ヒラメキ四字熟語になってどうする。僕の願いは「どの作品も大ヒット」だ。超リアル。でも、どうなんだろう。ひと口に「願いを叶える」と言ってもやり方はさまざまだ。まさかドラえもんのように、四次元ポケットからパンパカパーン！と望んだものを目の前に出してくれるわけではあるまい、よりによって龍神が。

「ねえ、ガガ。龍神が人間の願い事を叶えてくれるときって、どんな動きが起きるわけ？そこんとこ、ちょっと知りたいんだけど」

ワカが聞く。この辺のシステムは多くの人が知りたい部分に違いない。

「まず我々は人間の祈りによって生み出されたのだが……」

「それはもうわかりました、その先を聞かせてください」

「むっ。……ほかにも人間、いや日本人が生み出した存在があるのだが、それは」

「ああ、それは」

僕は宙を見上げて考えてから口を開いた。

「八百万《やおよろず》の神様のことですね」

日本には八百万の神様がいる。山にも海にも川にも、道路に落ちている石ころにだって神様が宿るというのが日本人の考えだ。古事記に出てくる神様は321柱もいるし、徳川家康や菅原道真のように死んだ人間まで神様になっている。

「さよう。日本にはたくさんの神様がいる。その神様たちはネットワークを組んでからみ合い、人間たちをサポートしている」

「ネットワーク？　神様がからみ合う？　いやーん、うそーん」

「やめんか、気色悪い！　言ったろ。龍神だけでは生きられんように、神様も自分たちだけでは生きられんのだ。だから人間の手助けをして、その感謝の気持ちをエネルギーにして自らの力を保っているのだと」

「なるほど。では、そのなかでの龍神様たちの役割を教えてください」

さあ本題だ。僕は真剣な目をガガに向けた。

「我々龍神は神様の使い、言わば『眷属《けんぞく》』なのだが」

「眷属って、神社の境内にいる獅子・狛犬とかでしょ？　それも聞いたし」

「神社によっては稲荷の狐とか、鹿とか猿、兎《うさぎ》なんてとこもありますよね」

「その**眷属たちのなかで最も力のある存在。それが我々龍神**なのだ！」

エッヘンとばかりに、ガガが胸を反らせる。どうやら龍神も自慢話は何回しても気持ちがいいらしい。

「で、その龍神様は人間をどうやって助けてくれるの？」

ワカはいつでも単刀直入。

「我々の役目は神様と人間のあいだをつなぐことだ。人間の願いを小包にして神様に届けたり、神様の命令を受けて人間の願いを叶えるサポートをする。常に人間と神様のあいだを行き来している」

「この場合の神様は神社の神様ですか？」

メモりながら、僕は聞いてみた。

「さよう。主にその人間を守っている産土神《うぶすながみ》や、住む土地を守っている氏神様に届けている。そのほかでも、自分が好きな神社や特定の神社に日頃から通って顔を覚えられているヤツは味方してくれる神様も多いから、あちこちに飛んだりもするがね」

多くの神社をちゃんと回ると、たくさんの神様が見守ってくれてるわけだな。

「そしてその神様同士の連絡係も我たちの役割だ。なんせ日本の神様はワラワラ大勢いるからな。性格も得意分野も違うから、担当願望もカテゴライズされているのだ」

「カテゴライズって……。ガガさん、そんな横文字いつ覚えたんですか」

「テレビでやっていたのだ。英語の勉強ではないか！　悪いかねっ？」

いいえ、滅相もございません。

「確かに縁結びや医療、勝負の神様とか、神社によってご利益も違うもんね〜」

「さよう。たとえばある神様が、『いつも来るこの人間の願いを叶えてやろう』となったとする。しかしその願いは自分の得意分野と違う。そんなときこそ龍神の出番なのだ」

ガガは得意気に鼻の穴をふくらませながら続ける。

「我々龍神が、その分野が得意な神様に助けを求めに行くわけだよ。『こいつの願い、よろしく頼もうぞ』とな」

「じゃあ神様に願いを叶えてもらうのに、龍神が味方だと鬼に金棒ですね」

「当然だ。だから人間を助けるために動く我々龍神のエネルギー源は、人間のワクワク弾んだ魂というわけさ。ウマそうな魂の人間に巡り合えたらパワーも増す。神様に運べる願い事も増え、神様同士の連携も円滑になる。人間の願いの叶い方も早くなり、皆が幸せになる。ワシたち龍神も腹が満たされ、互いに良いことずくめだがね。すごいだろう！」

それはうれしい。龍神と仲良くなれば願いの叶い方も倍増だ。

眷属の世界ってどうなってるの？

ここで一つ疑問が生じる。龍神が獅子や狛犬と同じ眷属ならば、獅子や狛犬も修行次第で龍神に昇格したりするんだろうか？

「答えはノーだがね」

ガガが言下《げんか》に否定した。しかもまた横文字で。

「それはなぜでしょう？」

「単純なことだがね。我々龍神は祈りによって人間に生み出された存在、それは神様と同じだ。しかし、ほかの眷属はちゃんとこの世に物体として存在するよな？」

言われてみれば、獅子も狛犬も、狐も鹿も、みんな物質として存在する動物だ。

「その動物たちに神様が役目を与えたのだ。『自分たちに仕えよ』とな」

「なるほど。そもそもの生まれが違うわけですね」

「じゃあさ、同じ眷属仲間ってことで組合とか横のつながりなんかはないの？」

横のつながり？　秘書には秘書会、じゃあ眷属には眷属会みたいな感じだろうか？　するとガガは素っ気なく答えた。

「知らんがね」

へ？　知らないの？　僕はガガのいる宙をポカンと見上げた。

「少なくとも我は、眷属たちにどのような集まりがあるのかは知らん。下には下の派閥があるやもしれんがね」

さも、自分は特別な存在だと言わんばかりである。

「龍神には神様と神様のあいだ、神社と神社のあいだを飛び回り、それぞれをつなぐ役目がある。しかし、ほかの眷属はその神社専門なのだ。その地域の氏子や崇敬する参拝者たちを見守るのが役目だ。まあ、眷属同士の連絡も我々がつないでいることになるな」

そう言うや否や、ガガは驚いたように目を見開いて声をあげた。

「ややや っ！　いま気付いたがね。ほかの眷属はその神社だけでいいが、我々龍神は神様、人間、ほかの眷属同士の連絡係に加えて、直に人間に幸運を運んだりもする存在だ」

「すごい働きぶりですよねぇ」

僕は感心して言った。だがガガの見解は、

「我々は自由自在で特別な存在だと思っておったが、実は都合よく扱われているのではないかね？　こき使われる大変な立場だがね！　なんということだ」と大騒ぎ。

い、言われてみれば……。

「まあ、それだけ頼りにされているということで」

フォローするのが精いっぱいの僕である。

龍神は1分1秒を操る

「じゃあ龍神は現場担当ってわけね。そうだ、コーヒー入れようっと♪」

ワカは最近、小さなコーヒーメーカーを買ってきた。リビングに香ばしい匂いが漂う。ひと息つきたいときに部屋でこの香りをかげるのは結構うれしい。

「現場で力を発揮する、いわば実働部隊みたいなイメージですかね？」

「ほお、タカや。面白いこと言うじゃないか。確かに司令塔と現場のつなぎ役も兼ねているから間違いではないがね」

ガガが気を取り直したように言葉をつないだ。

「それは頼もしい。では現場では具体的にどんなことをするんですか？　人間のサポートと言ってもいろいろあるでしょうし」

そこも噛み砕いて知りたいところだ。

「時を操るがね」

「時？」

「時は時だがね！　おまえバカかね？」

ガガが声を荒げた。ヤバい。

「あ、あ、時はわかるんです。ただその時を操ることでどのような良い結果になるのかと思いまして」

具体的に聞きたいことを話さないとガガの真相にはたどり着けない。贅沢《ぜいたく》言える立場じゃないが、本当に厄介な龍神様なのだ。

「ではタカや。おまえこんな覚えはないかね？　世の中には人が溢れているのに偶然会いたい人に出会えたとか、いま思えばあれが運命の出会いだったとか」

「あるある〜」

出来上がったコーヒーをカップに注ぎながらワカが言う。この人はきっとそういう幸運に身に覚えが多いに違いない。

「いいかね、人間は1分1秒という『タイミング』を操ることはできない。それを操れるのが我々龍神なのだよ」

「へ〜。じゃあ私がガガと出会ってから、なにかを願ったときに、ちょうどよく必要な人が現れてくれたのもタイミングを操ってくれてたの？」

「当然だろう。そりゃ我の力だがね、全部我のおかげなのだよ」

また威張ってる、見えないけど。

「**龍神は必要なタイミングで必要な人との出会いや出来事を起こす**。そうやって人間の願いをサポートするのだ。たまたまいつもと違う道を通ったら事故に遭わずに済んだとか、電車に乗り遅れたおかげでトラブルに巻き込まれずに済んだとか。そういう流れにも我々が関与している場合が多い。世の龍神たちはせっせと働くからな」

「じゃあ虫の知らせもなにかの合図でしょうか？」

僕は虫の知らせにだけは敏感なのだ。

「さよう。それは龍神や周りで守っている者からの導きのメッセージさ。昔は気付いてくれるヤツも多かったが、共感覚が鈍ったいまはなかなか気付いてもらえぬのだ。だから龍神たちも悲しい思いをしているのだよ」

せっかく人間を助けようとしているのに気付いてもらえない。それでは悲しい。

「だからおまえらには、我々の声に気付く人間を増やしてほしいのだ。ま、おまえらが書いた本で龍神を意識してくれる人間が増えたから、感謝はしているがね」

「それはなにより。お役に立てたならよかったです」と僕がホッとしたところで、ワカが叫んだ。

「ってことは、私がタカと出会ったのもガガが時を操ってたの!?」

あ、思い出した。15年前の雪降る季節。その日、僕は朝からスキーに行くはずだったが、なんとなく気が乗らず（前日まではすごく楽しみにしていたのに）、予定を変更して仙台の街まで映画を観に行こうと思った（当時、僕は山のなかに住んでいた）。ところが、電車が止まったり上映が遅れたり、行くとこ行くとこでトラブルが発生し、なんてツイてないんだとため息をつきながら横断歩道を渡っていると、すれ違いざまに若い女の子が凍った道路でスッテンコロリンと見事に転んだ。え？　まさかと思いますか？

「あのときのキミの受け身は見事だった。腰打っちゃうとなかなか立てないからね。派手に転んだ割には怪我がなくてよかったよ、うん」

「あの場面で『柔道でもやってるんですか？　受け身うまいね』とか言う？　めっちゃ恥ずかしいんだけど」

そう、僕とワカはなんとこうして出会ったのだ。いま思えば、なにか大きな力が働いていたとしか思えない。きっとそうだ。あれこそ1分1秒のタイミングじゃないか。あの瞬間がなければいまの僕たちはここにはいない。

「ぶはは。あれはコロッケを買いに行こうと急いだこいつがすべって転んだだけだがね。面白かったがね。だいたいおまえはいつも……」

「ちょっとガガったら。やめなさい！」

時を操ってたんじゃなかったのかよ、おい龍神……。

龍神はそのときに必要な「役」を運んでくれる

「確かに腑に落ちるわ。あの日あのとき、なぜあの人と？ってこと結構ある」

「あの、ガガ先生。時を操るほかにも得意なことはあるんでしょうか？」

「センセイ？　先生だと？　いい響きだ。じゃあもっと教えてやるがね」

ガガ、乗り気。この龍神、やはりおだてに乗りやすい（笑）。

「成功者と言われるヤツのなかにおるだろ？『サラリーマンから俳優へ華麗なる転身』とか、『パッとしない地味だったヤツがビジネス界で大成功した』とか」

「あ、わかる。昔してたことと全然違うことで成功する人って意外といるかも」

チラリと視線を感じる。うん？　そうか、僕もその一人かもしれないぞ。

「神様はその時々で役割に応じて能力や才能を与える。それを運ぶのも我々龍神の役割なのだよ」

能力や才能を？

「まず**急に好みや趣味が変わったときは、今後訪れる必要な場面のために事が流れている可能性が高い**。そんなときは、『たぶんできない』とか『やったことないし』と決めつけんことだ。その流れに乗るのが神様の意向に沿うことになる」

「じゃあ生粋《きっすい》のエンジニアだった僕が、こうして作家になったのも？」

「ま、そういうことだがね」

ガガがニヤリと笑った。

「ただしだ。**この世で与えられる能力は過去世で学んだことがあるのが前提**だがね。魂が一度も学んでいない能力が突然降ってくることはまずない。過去に経験した『役』を思い出しているだけなのさ」

「僕は本が苦手だったのに、突然文章を書きたくなりました。めちゃくちゃ不思議です」

僕は心から言った。いまでは原稿を書くのが楽しくてたまらない。

「恐らく過去世で僧侶でもしていたのだろう。その時代に書をしためていたとか、単純なことなのだよ。努力が報われてよかったではないか、たとえ忘れていたとしても」

「龍神様は人間が忘れていた秘めた能力も運んでくれるんですね、すごい」

時を操り、その時々で必要な才能を運ぶ龍神。まるで科学的魔法使いじゃないか。多くの人が龍神と仲良くなって彼らの力を借り、自分の可能性を最大限に発揮することができたら、大満足の良い人生になっていくと僕は思う。

龍神界のお仕事事情

うーん。細かいことが気になるのが僕の悪い癖なのはわかっている。しかし、ここでまた知りたいことが出てきてしまった。

「ガガさんは龍神と人間のコンビ結成をお勧めしていますが」

「悪いかね？　人間とコンビを組みたい龍神はうじゃうじゃいると教えたではないか。みんな自分の存在に気付いて頼りにしてほしいのだよ」

「でもですよ」

僕はガガの気配を感じながら問う。

「龍神に関する本などでは、『契約を結ぶ』とか特別な人が召喚して『付けてもらう』といった記述も見かけます。契約が必要な龍神様もいるんですか？」

素朴な疑問だ。そういう話を耳にすることがある。でも召喚とか契約とか、そもそも見えない存在と「契約」って、なんか不気味な感じがするのは僕だけだろうか。

「あーあ、またそんな話かね？　おまえしつこいがね」

偉大な龍神は大きなため息をついた。ビュルルルル～。気のせいか空気が震える。

「そういう龍神もいるにはいるが、『仕事だから』よりも『好きだから』で助けるほうが幸せだがね。実際この世の大多数の龍神がそう思い、人間に近づきたく思っているのだ」

「それは人間も同じじよ。義務よりも感情で動くほうが何倍もの力が出るもん」

ワカの言葉に大いに納得する。仕事よりも、仲の良い友達の手伝いのほうが進んでできるというものだ。

「だからな。そういう契約龍神は、ある意味ではかわいそうなのだよ」

ガガがしんみりと言う。

「人間の社会にもあるだろう。ほら、『いいなづけ』ってやつだがね」

いいなづけとはまた古風な。それは本人たちの意思に関係なく双方の親や親類が合意で婚姻の約束をしてしまう結婚だ。本人たちがお互いをどう思っているかなど関係ない。もちろん現代ではあまり聞かなくなったが。

「確かにそれは気の毒かもですね」

僕はつぶやいた。きっと龍神にだって守りたい人、守りたくない人はいるだろうし。

「だいたいだな、人間と龍神のあいだに敷居を作っているのはおまえたち人間なのだよ」

「はあ、すみません」

「『〜しなきゃいけない』『〜してはならない』。そんな決まりを勝手に作って目に見えぬものたちとの距離を一方的に遠ざけているだけだがね」

「確かに『契約しなきゃ龍神は助けてくれない』って聞いたら、なんか距離を感じるわね。普通の人じゃダメなんだって」

ワカが言った。同感だ。

「契約ってアレだろ？　悪い状態にならぬよう約束をすることだろ？　人間と龍神の関係は違うのだ。互いがいまよりも良い結果を出すための関係だ。友達になるのに契約なんて必要ないがね。実にくだらん！」

「怒んないでよ。じゃあ召喚とかそんな必要ないわけね。よかった。私、ガガと契約を更新しなきゃならないのかなって思った」

ケラケラとワカが言った。

「そもそも召喚って『呼び出す』って意味だろ」

「はい。裁判所が特定の人物を出頭させるときに使ったりします」

「出頭とは失礼な！　我はなにもしていないがね。清く正しい龍神なのだ！」

「確かに」

僕は笑って言った。

「あ、でもさ、その契約って話、台湾の風水の先生もよく言うのよ。もしかして日本とほかの国では龍神の成り立ちが違うとか？　そこんとこどうなの？」

「龍神って世界でもアジアに多いんでしたよね？」

僕はガガを見上げた。見えないけど。

「さよう。ヨーロッパでは悪役にされて虐《しいた》げられるから、住みやすいアジアに大量生息しているがね」

「大量生息って、イワシの群れじゃないんですから」

「日本に住む龍神が圧倒的に多いが、実は台湾も結構な龍神国だがね」

出た、台湾！　やっぱり龍神が数多く存在する国なのだ。

「だが、台湾の龍神はすさまじく大きく、守る相手が国ごと丸々なのだ。そういう場合は国の呪術師が特殊な契約を結んでいる場合もある。『台湾を守ってください』とか『この土地の守護をお願いします』という感じさ」

なるほどね。だから台湾の風水を学ぶ方々は龍神について詳しいのか。ならわかる。

「台湾の龍神はたくさんの人間たちの『この国を守ってください』という強い願いを背負っている。だからとにかく至る所で祀られている。それだけの願いが集まれば、龍神のスケールもそりゃデカくもなるさ」

確かに台湾には日本にも増して「龍」の字が多い。台北の龍山寺《りゅうざんじ》をはじめ、たくさんのお寺に「龍」が入っているし、「騎龍観音《きりゅうかんのん》」と呼ばれる龍神の上に観音様が乗っている画まであり、多くの家に貼られているそうだ。日本で言えば、アマテラスやスサノオが龍神に乗って移動している、そんなイメージだろうか。そういえば、以前ガガが「龍神は神様を乗せて運んだりするがね」と言っていた。なるほど。台湾では台湾の、日本では日本の神様をちゃんと乗せて運んでいるんだ。

「国も違えば龍神の役割も人間との付き合い方も変わるわけね。そりゃそうだ」

ここで僕はハッとした。台湾のようにお互いが「国を守る」という名誉を担って合意している場合なら、契約という形も悪くない。それは国と国との条約みたいなものだから。**人間と龍神が仲良くするのに契約はいらない**。それが日本の龍神が長年培ってきた人間との関わり方だ。しかし国単位での関わりとなれば、そう簡単にはいかないだろう。たとえば僕が、アメリカ人のマイケル君と仲良くなるには契約なんて必要ない。だけど、日本とアメリカとなると「なんとなく」ではダメだ。時代と共に人間は入れ替わるし、統治者も変わる。だから「条約」という約束事でお互いがそれを履行するように努めるのだ。台湾では龍神と契約を結び、国を挙げて龍神を崇敬し祀る風土を作り上げた。時代が変わっても祈りの力が衰えないように。そして、龍神もそれに応えて力を増して国や国民を守る。そりゃ龍神の力も桁違いにデカいわけだよな。龍神に求めるものによってその形も違う。そして。僕はガガを探して顔を上げた。

「ガガさんが教えてくれるのは、日本の龍神様との付き合い方なんですね」

その国その国のあり方。日本は八百万の神様が力を合わせて人間に力を貸してくれる。一緒に生活しながら助けてくれるのが、ここ日本の神様だ。龍神もそんな身近な存在として人間と仲良くしたいというのも当然のことなんだろう。

「じゃあ僕たち**日本人は、龍神様と友達になる方法を日常で実践すればいい**んですね」

「その通り。我々はそれが一番うれしいのだ」

そう言うとガガは大きな口を開けて笑った。と、ここまではよかったが、

「しかし最近、人間の世界ではその『約束事』をちゃんと守らん国も増えているがね。龍神にも契約放棄して暴れ出すヤツがいたら面白いがね！」

「いや、面白くないです！　やめてください」

僕は慌てて、両の掌《てのひら》を向けた。

「人間だって最近、不倫や不正が多いがね。神様だから約束守れなんてズルいがね！」

うう……、それを言われると返す言葉もございません。

人間を守るために働く。それが龍神

龍神はその国ごとに違う役割を持つという。というよりも、人間の望む形に龍神が役割を担ってくれると言ったほうが適切かもしれない。

「人間の求めるものや、その土地の文化や習慣にも合わせて生きているんですね」

「郷に入れば郷に従えなのだよ。決して譲れぬこと以外では龍神は寛容さ」

ガガは時に役者のようだ。歯の浮くような台詞も口にする。いまはニヒルな笑みを浮かべているとか、きっとそんな感じだ（想像だけど）。

「龍神も人間も、そして神様もみんなが支え合い、絶妙なバランスで存在している。だから互いがより良くなるような相互関係を築くのがベストなのだよ」

「神様や龍神が人間の願いを叶え、喜んだ人間のワクワクした魂を喰って力を強くする。人間のほうもさらなる幸せを享受できるようになっていく。だから我々も人間の望む形でサポートする。日本では神社の神様の使いとして人間と神様のあいだを縦横無尽に飛び回り、台湾では台湾の神様のサポートをして国を守る。必要とされれば我々はどんな形でも人間を守るために働く。それが龍神だ」

ガガはそう言うと誇らしげに胸を張った。龍神。なんてスペシャルな存在なんだ。

「その龍神様が西洋では嫌われたなんて信じられないですねえ、もったいない」

「そりゃおまえ、仕方ないがね。国ごとに考えは違う。西洋では我々は悪者だがね。必要とされなければ龍神もどうしようもない。人間が望まぬ場所には住めんよ」

西洋に龍神がいないのは、人間が「龍神はいないほうがいい」と思ったから。ただ人間の望みに応えた。それだけのことなのだ。すごく素直だ。

「龍神たちは常に人間たちのために働いている。そもそも我々を生み出したのは人間自身だからな。人間に必要とされなければ、大げさではなく龍神も消えてしまうがね」

僕はようやく腑に落ちた。日本だからとか台湾だからとか、そういうことは表面上のことに過ぎない。どんな龍神でも人間のことが好きなんだ。だから龍神とコンビを組むために特別な資格も能力も必要ない。祈り、願い、そして向上心をしっかり持ち、龍神を好きであること。それが彼らとつながり、コンビを組むために必要なことなのだ。シンプルでよかったのだ！

神様に後押しされる人、されない人

ガサガサガサ。ワカが戸棚を漁っている。どうしてこう女の人というのは、どこからかお菓子を取り出すのだろう？　死んだばあちゃんもそうだった。

「ガガさん。見えないものの後押しを受けて夢が叶う人、叶わない人っていますよね。その両者の違いが知りたいんですが」

きっとだれもが知りたいだろう。

「タカや、おまえそんなこともわからんのかね？　まったく」

「私もわかんない」と言うワカにもあきれつつ、果たして偉大な龍神は言った。

「成功しているヤツはな、目指す場所を明確にしているのだ」

「目指す場所？　バリボリ（せんべいをかじる音）」

「さよう。おまえらは目指す場所を定め、そして情熱があった、やる気があった。そして決意を持って行動したがね」

「しましたね。うまくいかないことも多かったですけど」

僕は苦笑いを浮かべる。

「何度失敗しても挫折してもだ。恥をかいても傷ついてもだ」

「まあ、もうあとには引けなかったですからね」

僕は会社を辞めてからのことを思い出して言った。選挙に敗れ人は離れ、講演会にも人は集まらず、貯金はどんどん減っていく。……嗚呼《ああ》、苦渋を飲んだあの日々よ。

「しかし、おまえらはやめなかった。何度失敗しても諦めないその姿から情熱が我々に伝わったのだ。おまえらは神様にも神社にも本気で取り組んだろ？　だからポンと押した」

背中がこそばゆい（笑）。いつもガガに「バカ者」呼ばわりされている僕としては、照れくさいようなそんな感じを覚えながらもその言葉に耳を傾ける。

「**そもそも人間は『行動できない生き物』**なのだよ」

「つまり、『こうしたい』とは言うものの、やらない人が多いってことですか？」

ここで僕はあることを思い出した。成功哲学の提唱者の一人であり、『思考は現実化する（Think and Grow Rich）』で世界的に有名なナポレオン・ヒル博士が、3万人の男女を対象に、「人は何回チャレンジしたら諦めるか」という調査を行ったそうだ。その結果は驚くべきものだった。なんと平均で「1回以下」。つまり、大半が行動せずに諦めるか、1回の失敗で投げ出してしまっていることがわかったのだ。

みんな「こうなりたい」「ああなりたい」と夢は見るが、実際にはそれに向けて行動しない。それでは龍神だって神様だって「頑張れ」なんて後押しできるわけがない。だって本人が願いに向けて動いてないんだから。

「成功している人間。ま、その大多数は我々龍神や神様の後押しを受けているわけだが、そういうヤツはその分失敗をしているのだ」

成功者はその分失敗を繰り返している。待てよ、これは確か……、僕は一人の人物を思い出していた。エジソンだ。偉大なる発明家トーマス・エジソンは、電球を発明するまでに1万回の失敗を繰り返したという。それでも彼はやめなかった。そもそも失敗という概念がなかったんじゃないか。彼の発した「うまくいかない方法を1万通り発見しただけ」という言葉がそれを物語っている。多くの人がたった1回の失敗で諦めてしまうのに。

「人間の言葉にあるだろ。『人事を尽くして天命を待つ』って。人事とは人が成す事、その後に天命がある。言わば神様の助けを待つわけだ」

「あれはそういう意味なのね！」

ワカがぶんぶんと首を縦に振りながら言った。その仕草がまるで子供に見えて、僕は思わず吹き出した。手にはせんべいだし。

「しかし、人事を尽くさんヤツが多いのだよ。なにかに向けて一生懸命に行動する、その姿こそが本当の『祈り』だと言ったはずだがね。わかってるのかね？　おい答えろ！」

ガガ、突然のヒートアップ！　しかも怒りの矛先を向けてきた。ぼ、僕たちに言われましても……。

「つ、つ、つまりは、神様に願いを宣言したらあとは自分自身で行動を起こす。どんなに失敗してもとにかく前へ進む。その姿に龍神も神様も胸を打たれて手を差し伸べて助けてくれるって、そういうことですよね？」

「結局は自分で頑張ってる人をみんな応援したくなるわけね。これも人間と一緒だ」

ワカが言うと、少し落ち着きを取り戻したガガが息を吐いた。そして彼は言った。

「おまえらは実に良かったがね。いっぱい失敗してて！」

「そうきますか！」

僕は苦笑いを浮かべながら、結構本気で思った。もう失敗はほどほどにしたいよと。

神様も龍神もバチは当てない

「神様が一生懸命に頑張っている人を応援してくれるって心強いです。じゃあ、逆に悪いことをした人には当然罰を与えたりもするんですよね？」

　これも多くの人から質問があったことだ。こんなことしたら龍神に怒られるんじゃゃ？

神様にバチを当てられるんじゃ？　そういうことを気にする人は実際多い。

「よく昔ばなしなんかで最後に『バチが当たる』話がありますけど」

「あ～、あるある！　マジである。いじわる爺さんにバチ当たると気持ちいいよね」

　ワカ、露骨過ぎ。

「教えてください。神様はバチを当てますか？」

　ここはハッキリと聞いてみる。すると、

「当てないがね」

「えっ⁉　本当ですか？」

「マジで⁉」

　僕とワカの声がハモる。これは驚きだ。悪いことをすると神様のバチが当たる。僕は長らくこれは当然のことと思っていた。

「正しく言うとだ」

　あ、続きがあるのか。ガガの声に耳を澄ます。

「神様が罰として悪いことを起こしているわけではない。バチの正体は、世の中の法則として、やったことがただ返ってきただけなのだ」

「つまり、神様が『こいつにバチを当ててやろう』というのではなく、自然とそうなっているだけ、と？」

「さよう。悪意でだれかを陥れたり、傷つけたらそれはやがて自分に返ってくる。もちろん同じ形とは限らんが、それは必ず清算される。タカや、おまえだってそんな経験があるだろう？　ないとは言わせんがね」

「う、うう……」

「これは神様がやっているわけでなく、ただそうなるのだよ。水が高いところから低いところに流れるように自然にだ。まいた種はいずれ自分で刈り取らねばならんという、ただそれだけのことだがね。良い種も悪い種もまいたヤツが刈り取るのだよ」

「言われてみればもっともです、はい」

僕はちょっと小さくなってうなずいた。特に身に覚えがあるわけではないけど。なんとなくだけど。

「もしもそんな意識があるのなら、その分、人が喜ぶ良いことをして徳や善を積めばいいがね。するとプラスマイナスゼロになって刈り取るものはなくなる。徳のほうが上回ればむしろ幸運がやって来ることだってあるのだよ」

「それって、刈り取るのは今世のあいだだけですか？　それとも来世も？」

「今世で刈り取れなければもちろん来世でもだ。そして**『親の因果が子に報い』という言葉もあるように、本人だけでなく身内や子孫にも及ぶことだってある**」

「ま、神様だって一人一人にいちいちバチを当てたりしてたら大変だもんね。だいたいそんな暇じゃないでしょ」

ワカがサラッと言い放つ。

言われてみれば確かにそうかも。そんなことをしていたら願いを叶える仕事よりもバチを当てる仕事のほうが多くて神様もうんざりだろう。

「難しく考える必要はないがね。いつも言うように世の中の法則は単純なのだ。相手に与えたことは返ってくる。良いことも悪いことも。ちゃんと全部な」

「自分を映す鏡みたいなものかしらね」

「その通り。だから自分がしてやった以上のことを相手に求めて大きな得をしようとか、欲しいだけ利益をもらおうとか、そういう姑息《こそく》で卑《いや》しい考えはバッサリ捨てたほうがいいがね。そのときは得をしたと思っても必ずその分、払うときが来るのだ」

「そりゃ嫌だ」

僕は顔をしかめて首を振った。

「逆に、してもらったことを相手にしようという心がけを持つとよいがね。もらった以上の気持ちを返せば、同じようにおまえがうれしいと感じる出来事がやって来る。不思議なほどに自然にだ。なにかをしてほしければ同じことをおまえが先にするのだ」

「いま自分に起きていることは、過去に自分がしたことが返ってきているだけか。だから周りを見れば自分がわかる。それで鏡か」

「困ってる人がいたら助ける。会った人を喜ばす。明るい笑顔でいるだけでも場を和ませるものなのだよ。そうすれば自分も同じ思いを受け取れるのだ。それにそういうヤツは我々も大好きだからな、龍神たちも寄ってくるがね」

いいことが返ってくるうえに龍神たちにも好かれる。まさに2倍のお得感。

「さすがガガさん！　今日はいいこと教えてくれてありがとうございます」

「我はいつもいいこと教えとるがね。おまえ、いいことを言ってないと言うのかね！」

ちょっと理解が遅いガガ（笑）。でも、それがガガの魅力でもあるのだ。

科学と信仰は絶対に対立しない

「人生って面白いと思わない？」

しまい込んでいたゲーム機を取り出しながらワカが言った。それは僕が会社に勤めていたときに製品設計したものだ。エンジニアとして汗水たらして働いていたころを思い出す。

「こんな現代的な製品を設計・開発していたタカがさ、いまは神様のことを書く仕事をしてるんだから、人生ってホントなにが起きるかわからない……って、アレ？」

ゲーム機の電源を入れようとして苦戦している。妻よ、充電してないぞ。

「確かに科学と信仰は真逆っていう印象強いよね。信仰って目に見えないし」

そんな会話をしていると、ガガが割って入ってきた。さて、今日のお題はなんだ？

「おい。マカロニの件だがね」

「マカロニ？　マカロニがどうかしたんですか？」

グラタンでも食べるのだろうか。

「なぜマカロニには穴があいているのだ？　いま、龍神界で話題沸騰なのだよ。なぜならマカロニは日本を代表する食べ物だからな」

違いますから！　僕とワカの声がそろう。ツッコミの息は合っている、ガガ限定だけど。

「いいから教えるがね。我はマカロニの穴で長年悩んでいたのだよ」

「どーでもいいことで悩む龍神様ね」

そう言いながらもワカは人差し指を立てた。

「マカロニの穴の理由は二つあるのよ。一つ目はゆでやすくするため、これは料理する人のためよね。で、二つ目はソースがからまりやすくするため、これはおいしく食べる人のため。わかった？」

さすが我が家の厨人《くりやびと》だ。そんな理由があったとは知らなかった。

「ふうむ、なるほど。わかったがね。これで我もゆっくり眠れるがね」

龍神は眠らないって前に言ってませんでしたっけ？とツッコミを入れたいのを我慢していると、ガガが言った。

「タカや。どうだ、わかったかね？」

ガガがニヤリと笑みを浮かべている（と、思う）。

「え？　なにがですか？」

「ふん。相変わらずおまえらは鈍感だがね。さっき話していただろ。科学がどうとか、信仰がどうとか」

「あ、科学と信仰の話ですか？」

話をそらしたのはアナタですけど、とは決して口には出さない。

「おまえら勘違いしているがね。科学と信仰は決して対立しないのだよ」

「え、そうなんですか？」

「当然だがね。ある日、だれかがソースがからんだウマいパスタを食べたいと願った。また、あるだれかはゆでやすいパスタが欲しいと願った。しかし願っているだけでは希望のものは出てこない。そこでソースがよくなじみ、ゆで時間が短くなるマカロニの形状を発明するヤツが必要だった。それって科学だろ？　願いを叶えるのに科学がひと役を担ったのだ」

おっ、これは結構面白い話だ。僕のサイエンス心にちょっと火がつく。

「たとえば、人間はかつて空を飛びたいと願った。しかしだ、そもそも人間が飛べるわけはない」

「そりゃそうでしょ。鳥じゃないんだから」

いつの間にやらゲームをピコピコ。油断ならない妻である。

「そこで人間は飛行機を発明した。これは科学だ。人間の夢を科学が実現させたわけだよ。だが『飛ぶ』という行為は非現実的なことだがね、人間は本来飛べん」

「ワカも飛行機は苦手だもんね。あんなデカいのが飛ぶわけないって」

だから海外に行かなければならないときは大変なのだ。僕は飛行機大好きだけど。

「そこでなにかに祈ると不思議と守られる気持ちになる。すると安心する。絶対的な安心があることで空の旅を快適に過ごすことができる。これが信仰だがね」

「つまり**科学と信仰が共存して初めて、人間は安心して快適な生活を送れる**と」

「さよう。それぞれがそれぞれの役目を果たして、人間は進歩してきたのだ。だから決して科学と信仰が対立することはない。コインの表と裏のようなものだ」

僕はハッとした。ある人の言葉を思い出したのだ。キング牧師だ。科学と信仰は対立しない。科学は人の知識となり力となる。信仰は人の知恵となり理性となる。科学は事実であり、信仰は価値である。この二つが対立することはない。

なるほど。すでに昔の人はそれを深く理解していたのかもしれない。日本でも八百万の神様に祈り、自然豊かな日本を守ってもらい、安心して生活しながら文明を発達させてきた。時代遅れなのではなくすでにその概念を知っていたのかもしれない。

まさかマカロニからこんな話になるなんて。龍の授業、うーん深い。深過ぎる。

龍神が好む本当の大人の正体とは？

「見える科学も見えない信仰も、みんなこの世界で共存しているわけですね」

「さよう。しかし、この70年くらいで見えないものを感じられる人間が急激に減ってしまったのだ。これは由々しきことだがね」

ガガが深刻そうに語気を強めた。

「70年といえば、ちょうど戦争が終わった辺りですね」

日本では戦後、古事記教育をしなくなった。だからなのだろうか、国の成り立ちや神様のことを知らない世代が増え、高度経済成長期には物質主義が蔓延《まんえん》し始めた。ふうむ。僕は思案顔で腕を組み、眉根《まゆね》を寄せた。

「タカや、なにタコみたいな顔しとるんだね？」

「考えてるんです！　まったくもう。ガガさんこそ失礼な」

「見えないものを信じる力を持っているヤツはな、みんな真の大人なのだ」

「大人？　大人だったらいっぱいいると思うけど。意味わかんないし」

ワカも理解に苦しむらしい。

「さてはおまえら、大人の意味を履き違えておるな？　さあ、どうだ？」

正直、大人の意味なんて考えたこともない。

「よいかね。本当の大人というのは、自分のなかの子供の部分に徹底的に向き合えるヤツのことを言うのだ」

「え？　子供っぽいことをバカバカしいと言ってやらないのが大人なのでは？」

思わず聞き返した。すると、ガガがあきれたようにほえる。

「ああタカや、おまえもか！」

まるでシェイクスピアの戯曲のようなセリフである。

「子供のころはみんな大きな夢があっただろう？　しかもそこに制限はない」

「このあいだ小学校の先生やってる友達に聞いたんだけど、1年生の子が『僕はカレーライスになる！　好きだから』って答えたって聞いて笑っちゃったわ」

確かにそれは制限がないというか、なさ過ぎる（笑）。

「でも仮面ライダーになるとか、そういう夢を本気で考えてる子供だっていますもんね」

僕は自分の子供のころを思い出すように宙を見上げ目を細めた。本気だった……。

「だがな。そういう制限のない夢を本気で考えることができるヤツこそが本当の大人というものなのだ」

ガガはそう言って続ける。

「最近は親受けのいい将来像を口にする子供も増えた。やりたいことがないという大人も多い。しかしそれは結局、自分自身の心に向き合っていないのだよ。自己分析ができず自分のことさえもよくわからない」

「うーん。それはわかる気がする。『私はなにをすればいいんでしょう？』って聞かれることがあるけど、そんなの自分で考えてよって思う」

ワカが新しいせんべいを袋から取り出しながら言った。あ、僕にも1枚。

「子供でも大人でも、まずは目の前のことに一生懸命になってみることだよ。そうすればなにが好きでなにが嫌いかくらい、次第にわかるものだ。たとえそれが『カレーライスになりたい』という突拍子もない夢でもよいではないか。そこでカレーになる術《すべ》を考えるうちに、世界的なシェフへの道が開けるかもしれんがね」

「そりゃー画期的ですね！　すごいキッカケだ」

僕は爆笑した。でもそういう制限のない子供っぽい発想を堂々と行動に移せたからこそ、偉大なる発明が生まれ、時代を進めてきたのだ。

「タカがいた会社だってそうだがね。いい大人がいっぱいいたから、あれだけのデカい会社になったのだよ。子供のような大人がな」

「ソニーにはおかしなことを言い出すヤツがいっぱいいたんだ」、そう笑って教えてくれた会社の先輩を思い出した。創業当初、ソニーでは自由に研究できる環境があったらしい。だから突拍子もない発想でも、とりあえずやってみようとなったのだろう。そこから生まれたのがウォークマンだ。当時、音楽を一人で聴くという概念がなく、録音もできない再生機が売れるわけがないという固定観念が定着していた。でも、その殻を破ったものこそ「音楽を独り占めしてみたい」という子供っぽい発想だったのではないだろうか？

結果的にウォークマンは大ヒットし、いまでも僕の移動時には欠かせないアイテムだ。

結局、子供のころの柔軟で制限のない発想。それを自由に出せる環境が成功につながった。制限をかけられた状態では新しい発想が生まれるわけがないのだ。それに、

「そういうのってワクワクしますよね」

「そうなのだよ。だから我々龍神も喰える魂がいっぱいあったがね。そういう**ウマい魂のたまり場になっている会社には、自然と龍神が集まり繁栄する**のは当然のことなのだ」

子供っぽい心か。子供のころのことを思い出してみる。すべり台を作ろうと祖父母の家の階段に段ボールを張り付けたり、屋上がないから屋根に登ろうとして落っこちて病院に運ばれたり。そのとき縫ったお尻がちょっとこそばゆく感じた。

日本にたくさんの龍神がいる理由

「しかし日本には、神社がホントにたくさんあるなあ」

街を歩きながら僕は言った。行く先々で神社の鳥居を目にする。それもそのはず、日本

には約8万社の神社がある。小さな社《やしろ》なども入れたらその倍はあるかもしれない。

「しかもその神社によって、祀られてる神様が違うってのがすごいわよね」

ワカも鳥居のなかをのぞき込みながらつぶやいた。「ここの神社にはどなたが祀られてるのかしら」と、そんな感じだ。日本の神社には古事記の神様だけでなく、死んだ人間が祀られていたり、その土地土地で独自の神様などいろいろだ。

北海道の乳神神社《ちちがみじんじゃ》で祀られているのは乳授姫大神《ちちさずけひめのおおかみ》。これはあるおばあさんがナラの木に「孫のため、母親に乳を授けてください」と祈ったところ、無事に願いが成就したことからナラの木が神様になった。一本の木も神様となる、それが八百万の神様の国、日本だ。

「まったく。おまえら、神社に行くなら事前に言うがね」

「あ、なにか不都合がありましたか?」

僕は歩きながら答える。いちいち足は止めない。

「我が先回りして、神社にペコペコ頭下げて回らなきゃならんのだよ。神社の神様は我々龍神の上司だからな」

「ガガも律儀ね。そのおかげで私の印象も良くなって運気も上がるわけね。サンキュー」

ワカがうれしそうに言った。

「ふん。おまえの印象が悪いと我もこっちの世界でやりづらいのだよ」

「ところで、日本にはたくさんの神様がいますよね？　それも八百万と言われるほどいっぱい」

「わんさかいるがね」

「これだけの神様がいる国はほかにないと思うんですが、どうなんでしょう？」

多神教と言われる考えは、神道のほかに中国の道教やインドのヒンドゥー教、古代のギリシャ神話やエジプトにもあったようだが、これだけの神様を擁するのは日本くらいだろう。ガガ風に言えば、わんさかと。

「だろうな。確かにこれだけの神様がいる国はほかにはないだろう。少なくとも我は知らんがね」

やっぱりそうか。

「日本という国は、海に囲まれる島国であるだけでなく、山があり川があり多くの自然に囲まれている。しかも火山や地震・津波なども昔から多い国だがね」

日本の陸地面積は世界のたった0・25％しかない。にもかかわらず地球上の火山の7％が日本に集中、その数は111個にも及ぶ。しかも4つのプレートがひしめく世界でも特異な構造のため、地震や津波といった自然災害が頻繁に起きてきた国だ。そんな国ほかにはない。

「日本ではな、山も海も大地も、そして川や湖だって踏ん張って生きているのだ。山は大きな噴火が起きないよう踏ん張り、大地は大きな揺れにならないよう踏ん張って、地球が必要以上に傷つかぬように各々が生きているのだよ」

「いくら自然現象といっても必要以上にお互い傷つけ合いたくないものね」

ワカが言う。

「そしてそれを人間も願い、山の神様、海の神様、そして大地の神様をその祈りで生み出したのだ」

「だから日本にはたくさんの神様が必要だった、ということですか?」

「さよう。世界でもまれに見る特異な環境が、日本人の心に神を生み出す力を与えた」

ガガはふっと息を吐いた。

「それはいつしか、すべてのものに感謝するという概念に変化した。互いが互いを認め合い、調和を図ることの大切さ。**多くの自然の恩恵を受けながらも大きな災害も経験してきた日本人の知恵が、『八百万の神様』を生み出した**のだ」

多くの自然に囲まれ、生き物が息づく国だからこそ、そのすべてを守るために神様たちが生まれ、根付いてきた。日本にたくさんの神様が住む理由がわかった気がした。

「ところで話は飛ぶのだが」

思い出したようにガガが言葉を発した。

「おにぎりはなぜ丸や三角があるのかね？　形に意味はあるのかね？　今日の龍神朝礼で議論になったのだ。タカや、教えるがね！」

……話飛び過ぎ。マカロニの次はおにぎりかよ、一体どんな議論なのか気になって仕方がない。

龍神がこの世に生まれたのはなぜ？

「あのう、龍神が生まれたのはなぜなんでしょう？　ここも深く聞きたいんですが」

僕は根本的なことが知りたかった。日本が八百万の神様の国であることはわかった。ではなぜそのほかに龍神という存在が現れたのか？　神様の使いとして人間や神様のあいだをつなぐため？　でもそれならほかにもお使いの眷属がいるはずだ。獅子・狛犬、狐に鹿だって。しばしの沈黙が破られる。

「知らんがね」

あっさり。マジか。

「あの……、わからないんですか？」

「だから知らんのだよ。前にも言ったが、我は気付いたらそこにいた存在なのだ。おまえら人間が生み出したのだ。生み出された側の我々が、その理由まで知るわけがないだろう。なにか文句あるかね？」

堂々と答えるガガに、頭を抱えたくなる。すると、

「ここは私がご説明したほうがいいでしょう」

「やった！　救世主、黒龍号の登場だわ」

ワカが喜びの声をあげた。

黒龍は僕に付いている龍神様だ。かつて頭も心も固く、そんなマズい魂は喰えんと僕は龍神に見放された。そのとき出会ったのが黒龍だった。僕と同じで頭が固く、ほかの龍神

の意見を聞かずに独りぼっちで、色はどんどん暗くなり消えかけていた落ちこぼれの龍神様。僕が成長してウマい魂になり、栄養を与えないと消滅してしまう。僕も黒龍を復活させなければほかに付いてくれる龍神がいなくなってしまう。そんな崖っぷちから一緒に這い上がった龍神様。もともと頭が固かったので、理論的な説明は得意なのだ。

「いいですか。神様は人間が祈りによって生み出した存在です。それは龍神も同じです」

「はい。その祈りがたくさんあるから日本には神様がいっぱいいると聞きました」

「そうです。ではどんなときに龍神が増えたか？　そこに大きなヒントがあるのです」

「戦国時代！　ガガが言ってたもん。強そうな龍神を武将たちが頼りにしたって」

そうだそうだ、思い出した。ワカの言葉に僕は思わず手をたたいた。

「人間は危機意識を持ったときに強い存在に憧れます。盾《たて》になってほしい、守ってほしい、そういう感情が龍神という存在を生み出したのです」

「なるほどね〜。だから戦国時代に龍神が増えたのね」

ワカが深くうなずく。

「では、その龍神がいまこんなにも注目されているのは、なぜでしょうか？」

僕の本のほかにも龍神に関する書籍が増えている。ちょっとしたブームみたいに。

「簡単なことです」

黒龍はそう言うと僕たちに尋ねてきた。

「いまはどんな時代ですか？」

うーん、とうなって僕は考えた。

「混沌とした時代に入っていると思います。いままでの常識では考えられないことが次々と起きているし。国が分裂したり、ミサイルが飛んできたり、大雨洪水のような天変地異も増えている気がします」

「タカさんのおっしゃる通りです。いま、一つの時代が壊れようとしています」

「壊れる？　なんか怖いんだけど」

ワカが心配そうに顔をしかめる。

「壊れるというのは一つの概念が壊れるという意味です。時代には流れがあります。サイクルと言ったほうがより正確でしょうか」

「サイクル？　朝が来て夜が来るとか、春夏秋冬は必ず巡ってくる的なですか？」

「そうです。繁栄する時期があれば衰退がきます。低迷する時期があり、再び回復する。そういう流れがあるんです。そしていまは壊れる時期なのです。でもそれは同時に新しい時代が始まることにも通じてきます」

終わりと始まり。僕はハッとして振り向いた。目線の先にはインド旅行のお土産にもらったシヴァ神の置物。シヴァ神はヒンドゥー教の神様だ。日本でも有名なガネーシャという神様のお父さんにあたる。そして「破壊の神」と言われている。これだけ聞くとなんとなく恐ろしく感じるが、実は「再生の神」でもあるという。新しいものを始めるためには古いものを壊す必要がある。破壊と再生はいつも表裏一体なのだ。

「いまは新しい時代の準備。そのために悪いもの、嘘偽りは暴かれるときなのです」

「あ〜、確かに。最近やたらと芸能人や政治家の不倫がバレてるしね」

「その時期に入ったのです。悪い嘘は暴かれる。同時に新しい時代に入るにあたって古き良きもの、いわば日本人の根幹にあるものが見直されます」

「たとえば？」

「着物や浴衣《ゆかた》など日本に古くからあるもの。裏を返せば、今後は古き良きものを大切にすることがラッキーポイントになります。**昭和時代の物事を大事にすると運気は自然に上がっていく**でしょう。心が満足しますから」

なんだか黒龍が宣教師に見えてきた。

「じゃあ神社仏閣なんかもラッキーなのでは？」

「その通り、大変よろしいでしょう」

「そしてそんなラッキーポイントのなかに、龍神も含まれるということでしょうか？」

僕は黒龍を見上げながら聞いた。見えないけどそこにいるのはわかるのだ、なんとなく。果たして、黒龍はゆっくりとうなずいた。

「そうです。壊れるのは悪いもの、嘘偽りと言われても人間はやはりそれを恐れます。そんなときには、なにか強い力に守ってもらいたくなるものです」

「なるなる」

ワカがコーヒー片手に言った。いつの間に。僕もコーヒー欲しいです。

「だからいま、私たち龍神が必要とされているのだと勝手ながら解釈しています」

なるほど。時代が龍神を必要としたわけか。これが自然の流れということだろう。

「あのさあ。日本には龍神がいてくれるけど、外国はどうなの？　特に隣の国では国民が貧困にあえいでいるのに、トップがミサイルとか爆弾作ってドンパチやってるわけでしょ？　神様いないのかな？」

いつもながらこの人は本当に歯に衣着せない（汗）。でも確かに気になる。ああいう国に神様はいるのか？　国民を助けてはくれないのだろうか？

「残念ながら、そのような国には神様はほとんどいません」

黒龍は言った。え？　マジ？

「その国は恐怖に支配されています。情報も統制されていますから国民は外の世界を知りません。自分たちの世界しか知らないのです」

「つまり、外の国の状態を知らないから、ああなりたいという希望さえも生まれない？」

「正しくは想像できないのです。だから希望も生まれない。希望がなければ『祈り』もない。神様を生み出す源は祈りですから、祈りがなければ……」

神様は生まれない。

「生まれてから生きている幸せを味わったことがないから、幸せになりたいという感情自体がない」

そして、黒龍はそう言って続けた。

「国民をつくるのは王、つまりトップの責任です。トップが悪ければ神様も生まれません」

そうか。僕はまた気が付いた。神様は希望によって生まれる。たくさんの神様のいるこの日本にはそれだけの希望が溢れているということだ。混沌としたこの時代にも助けてくれる龍神がいる。なんて素晴らしい国なんだろう。日本に生まれて本当によかった。

「さすが黒龍さん、とてもよくわかりました。ありがとうございます！」

「いえ。私は説明しただけですから」

そう言うと照れたようにはにかんで、黒龍は飛び去って行った。

「ふん。我はどうせわかりにくいがね」

どこかでそんな声が聞こえた気がした。

結局、龍神というのは「寂しがり屋の神様」なんじゃないかと思う。ガガが言ったように龍神は人間によって望まれ、その結果、自然に生み出された存在だ。だからこそ自分たちだけでは生きられない。いや、もしかしたら生きられるのかもしれないけど、龍神は人間と共に存在していきたいのだと、これまでの経験から僕たちは確信している。人間たちが好きだから。その助けになりたいから。

龍神は自分と一緒にコンビを組んでくれる人間をいつも探しています。そんな寂しがり屋の神様とつながる方法を2時限目で紹介したいと思います。

2時限目

龍神とコンビを組むための3ステップ

ステップ① 龍神を招く（関心を引く）

1時限目では「そもそも龍神ってなに？」ということをお話ししました。でもやっぱり、龍神様と会うためにはどうすればいいの？　コンビを組むにはなにが必要なんだろう？という具体的な行動を知りたいところですよね。

そこでそのためのコツを、龍神を「招く」「呼び込む」「つながる」という3ステップで具体的に解説していこうと思います。

講師を務めてくれるのはもちろんこの方、龍神工学がご専門の龍神ガガ博士です。

「と、いうわけでガガ先生。よろしくお願いします」

「よろしくだがね」

ガガがすまし顔で答える。結構その気のようだ。

「まずは『龍神を招く』ということですが、これはどのようにすればよろしいでしょうか？」

ガガは「うむ」と深くうなずき話を始めた。

「龍神はいたるところにうじゃうじゃいるがね。みんな人間に関心を持って、好みの魂を探しておる。まずはそういう龍神たちの関心を引く必要があるがね」

「『お、なんだなんだ。なんか面白そうなヤツがいるぞ』みたいな感じでしょうか？」

僕はたとえを出して促した。

「さよう」

そう言ってガガは説明を始めた。ガガ先生の講義では、こちらから例を挙げてうまく話を引き出すのがポイントだ。

「龍神が好むのはウマい魂、即ちこれはワクワクした鼓動と捉えてもらえばよい」

「楽しい気持ちでドキドキワクワク生きる感じですか？」

「さよう。あとはなにかを成し遂げた達成感ある喜びでもいいな。そんな明るい鼓動が我々は大好きなのだ。そういう鼓動があれば遠慮なく寄って行くがね」

「しかしですよ。日々の暮らしのなかで、そんなにワクワクの出来事が起きることって少ないと思うんですが、そんなときはどうすればいいでしょうか？」

ここは具体的な行動が知りたい。さらに突っ込んで聞いてみる。

「なに！　そんなこと知らんがね。どうしたらワクワクするかだと？　そんなことはおまえら人間自身が一番知っているはずだがね！」

ガガが声を荒げる。この龍神、かみ砕いた説明は苦手らしい。すると、

「ガガ先生、ここは私がご説明いたしましょう」

そう言ってなぜか銀縁メガネの黒龍号が現れた。意外と黒龍には似合うと思う。あくまで想像だけど。どうやら今回は、ガガ博士の助手を務めている設定らしい。

「**人間は9つ良いことがあっても1つ嫌なことがあると、そこに焦点を絞って考えてしまう生き物**なようです。嫌なことに縛られていては楽しくありません」

過去を思い出してみる。確かに僕も身に覚えがある。

「せっかく良いことが9つあったのですから、良いことに焦点を当てる癖をつけましょう。すると嫌なこともうまく流せるようになるのです」

「なるほど〜。楽しかったことに意識を向けるわけですね」

「ええ、そうです。すると9つ嫌なことがあっても1つ良いことがあるだけで、うれしい気持ちを作ることが可能になります。私たち龍神とコンビを組んでいる人はそれができる人たちなのです」

そう言って黒龍は胸を張った。どうやら龍神が付いている人、付いてない人を観察して

出した答らしい。データ派の黒龍らしいアプローチだ。僕たちも助かる。

ポイント❶ 嫌なことではなく、楽しい出来事に焦点を当てる癖をつける

「それでも嫌な出来事が頭から離れない人もいるでしょう。会社の上司が意地悪な人だったり、役場やお店の人の対応が悪かったり。嫌な出来事とはだいたいが人間関係です」

「そうなのよね。ほんと腹立つ」

ワカが割って入った。

「でも考えてみましょう。人はみんな完璧じゃありません。できない人がいるから、より優秀な人が際立つわけです。もしも人間全員歌がうまかったら、歌手という職業には価値がなくなってしまいます」

「言われてみれば……」

できない人がいるからできる人が際立つ、か。

「つまりは確率なのです。あなたの上司や対応した役場やお店の人間が優秀かどうかは、ただの確率。そういう人に当たったら『ああ、この人の仕事ぶりはまだまだだな』と思っ

て、心の中でほくそ笑むくらいでいいんです。別に死ぬまで一緒にいるわけじゃないんですから」

な、なんとまあ大胆な。この龍神、侮れない。

「確かにどんな仕事でも差はあれど、できる人とできない人の割合は世の中のそれと変わりはない。そう思えば少しは気が楽かも♪」

ワカがあっけらかんと言った。

「そうすれば嫌な人に会っても、結構その場を乗り切れるようになります。イライラしなくなるわけです。その癖がつくと自然と波長が上がって、やがてそういう嫌な人とは出会わなくなります。そんなものなのです」

ポイント❷　どんな人に出会うかはただの確率。「おぬし、まだまだだな」と受け流す余裕を持つ

「そして人もそうですが、出来事も同じです。そのときそのときの失敗に執着すると、なかなか前に進めません」

メガネをかけ直して黒龍助手が続けた。

「でも、だれでも失敗は避けたいものだと思うのですが？」

さらに切り込んで僕は聞く。黒龍助手はシンプルに深く解説してくれるから頼もしい。

「たとえばタカさんは昔、受験に失敗しましたよね」

「え？　はい、そうですね」

僕は医者になりたかったが、医学部に入れず工学部へ進んだ。

「そして、大学で研究室を間違えて移りましたよね？」

僕は驚きのあまりのけぞった！　恐るべし龍神様、そんなことまで知っているとは。

「は、はい。生物の研究をしたくて生物の断層画像を撮っている研究室に移りました。まさかそこが断層画像を撮る『機械』を研究しているところだとは思わず……」（本当です）

生物学を学ぶつもりが電子工学の研究をすることに。まったくの畑違い。場違い。勘違い。だけどその研究のおかげで、ソニーという大きな会社でゲーム機の部品設計を任されて、エンジニアとして成功を収めることができた。

「受験の失敗、研究内容を間違える。そのときだけを切り取ればただの『失敗』でしょう。ですが現在のタカさんまでの時間を結んだときに、果たして失敗と言えるでしょうか？」

空を見上げて思いを巡らす。そのとき失敗だと思ったことが、思わぬ成功への過程になることがある。そのときそのときの失敗に執着しないって……そうか、そういうことか。

「すごく腑に落ちました。失敗に執着せずに目の前のことに真面目に取り組む。そうすれば、長い目で見たときにそれが大きな階段になっているということですね」

「その通りです。大きな目標を信じて目の前のことを頑張る。一生懸命に取り組んでいるときは成功することしか頭にありませんから、過去の失敗はさほど気になりません。むしろ前向きになっている。そういう人は社会でも好かれますし、私たちも大好きなのです」

そう言って黒龍はニッコリする。

ポイント❸　そのときそのときの失敗に執着しない。目の前のことを一生懸命にやる

「ガガ先生、この説明でよろしいでしょうか?」

黒龍がガガに伺いを立てている。

「うむ、良いがね。我の言いたいことは、つまりそういうことなのだよ」

満足そうにうなずくと、ガガは僕に向かってこう言った。

「どうだね。わかったかね？」

……説明したの黒龍さんじゃんと突っ込みたいところだが、そういうところがなぜかガガは憎めない。黒龍も出番を与えられてちょっとうれしそうだ。

もしかしたら、説明がうまくできないキャラは黒龍の出番を作ってやるための芝居なんじゃないか？　ふとそんな考えが頭をよぎる。しかし次の瞬間、

「ややや！　あれはなにかね？」

なにかを発見。外を見ると、綿あめを持った子供たちが歩いていた。そういえば今日はお祭りだった。

「綿あめですね。砂糖をふわふわにして、お祭りなんかでよく……」

しかしガガは僕の言葉など聞いちゃおらず、

「あの白いのはどんな感じかね。食べてみたいがね！」と大騒ぎ。

「おい、タカや。我が寝そべるでっかいワタアメとやらを用意するがね。あれで遊んでみたいのだ。さあいますぐに！」

「……」

芝居じゃない。ガガは絶対このまんまの性格だろう。わかりやすくていいんですけどね。

ステップ② 龍神を呼び込む（仲良くなる）

「では次に、関心を持ってくれた龍神様を『呼び込む』ためにはどうすればいいか、教えていただけますでしょうか？」

綿あめの話題をすり替えつつ問いかけた。ガガも博士モードに戻り、声を整えて答える。

「元気な鼓動を持った人間に龍神は関心を示す。寄って来てくれるがね、わらわらとわらわらと集まってくる龍神たち。蜜に群がるアリのようなイメージだろうか。

「ですが、それだけでは付いてはくれないわけですよね？」

僕はガガを見上げながら念を押して聞く。

「その通り。寄って来てはくれるが、付いてもらえるとは限らん。人間はだれかと仲良くなりたいと思ったらそいつのことを意識せんかね？」

「しますね」

「前も言ったが、龍神も同じなのだ。龍神と仲良くなりたければ、とにかく意識すること。龍神の存在を近くに感じることが絶対的に必要なことだがね」

「じゃあワカみたいに、龍神に名前を付けちゃったりするのもコツの一つだと？」

「いいがね。人間界でも『名は体を表す』って言うだろ」

「ええ、確かに。名前は付けられたものの性質や実体を表すと言われています」

「名前を付けられた龍神もその名前に込められた意味を自らと照らし合わせて、いつしか自らをその名前が示す存在と見なすようになるのだよ」

あの日、妻はずっと自分を守っていた龍神と対面し、彼にガガという名前を付けた。つまり「妻を守る龍神」＝「ガガ」ということになるのだ。ガガの話によれば龍神はその時々で入れ変わることもあるらしい。ある時期は周りとの協調を得意とする龍神が、競争意識が必要となればそれが得意な龍神にという具合にだ。それでも「その人を守る龍神」には変わりないので、名前は変わらないのだそうだ。たとえば「サリー」と名付けた龍神が、必要な役目を終えて別の龍神に入れ替わるとする。そして、次の龍神がやって来るのだが、その龍神の名前も「サリー」となる。

実は日本では伝統的にそれが成り立っているのだ。皆さんも聞いたことがないだろうか？　歌舞伎役者が「何代目」と名乗り同じ名前を継承しているのを。六代目中村勘九郎、十一代目市川海老蔵という具合にだ。

実はこれにも同じような意味がある。歌舞伎ではそれぞれの流派（屋号）によって演出の仕方や台詞の言い回しに「型」があるのだが、それを代々継承するにあたり、同じ名前を名乗ることで同じ型が身に付くよう願ったのだ。能や狂言など日本の伝統的な文化にはいまも残っているように、日本人は名前をとても大切にした。

しかし、その概念が龍神とコンビを組むうえでもポイントになるとは正直驚きだった。

龍神が日本人を好きなわけだ。

「龍神様の名前にも『自分を守ってください』という願いが込められているんですねえ」

「そうやって名前を付けられれば龍神だってうれしいがね。こいつとコンビを組みたいと思うのだ。そしてその名前にふさわしい龍神がその者のそばにやって来るわけさ」

「すごいなあ、名前を付けることにそんなに深い意味があったなんて」

僕はワカのほうに顔を向けた。きっと彼女にはそれが直感的にわかっていたに違いない。

そう感心していると、

「マジで!? 超すごくない？ 名前にそんな意味があるなんて全然知らなかった！」

目をまん丸に見開いて叫ぶ妻の姿がそこにはあった。

「だって『ガーガーうるさいからガガ』って、それだけだったんだもん」

オ、オイオイ。まあ、うまくいく人って得てしてこんなもんなのだろう（笑）。

「しかし、名前を付けるって意識しやすくするだけかと思っていました。自分を守ってくれるのにふさわしい龍神を呼び込む効果があったなんて面白いですね」

「そうなのだよ。だから多くの日本人が自分にふさわしい龍神の名前を考えてほしい、そして名付けるがね。そうすれば龍神たちも喜んでその名前にふさわしい龍神としてその人間のもとに行けるのだよ」

ポイント❶　とにかく名前を付けて呼んであげる。
それだけであなたにふさわしい龍神がやって来ます

ステップ③　龍神とつながる（コンビを組む）

「で、ガガ先生。これで龍神様と知り合えたわけですが、もう大丈夫ということでしょうか？」

僕は伺うようにガガを見上げる。

「チッチッチ」

ガガは人差し指をタクトのように左右に振ると、まだまだとばかりに口を開いた（あくまでもイメージです）。

「龍神はそいつの魂を味わう。なんでも初めに味見をするだろ？　おまえらもよくするじゃないか、デ、デパ……」

デパ地下の試食か（笑）。あれは結構楽しい。なにより前もって味見すればハズレはないし。

「まずはお試しってことですか？」

「さよう。龍神もウマそうな魂を見つけたらまず味見をして、そいつの反応を見る。龍神に魂を喰われた人間にはさまざまな幸運が降ってくるが、それを「たまたまだろ」と思われると龍神も悲しい。せっかく自分がしてあげたのに気付かれない。それが繰り返されれば、寂しがり屋の龍神はそいつのもとを去って行く。グッバイとな」

また横文字だ。

「そばにいるのに気付かれない。それは寂しいですよね」

双方が満足してこそのコンビということか。

龍神とコンビを組む、付いてもらうというのは、お互いがそれを認識して常に「ありがとう」という気持ちでつながること。それが人間と龍神との「絆」になる。

「龍神のサインに気付いて『ありがとう』って感じることが大事なのね」

ワカが言った。

「では、龍神がくれるサインを具体的に教えてください。どんなことがあれば『龍神が付いてくれたんだな。ありがとう』と実感できるかがわかれば、僕たちも気付いてあげられると思いますから」

いよいよ最終段階、コンビを組むためのアクションに入った。

「よろしくお願いします！」

「うむ」とガガはうなずくと、顎を引いて静かに語り始めた。

「黒龍助手、説明してあげるがね」って、おいっ！　アンタが言うんじゃないんかい！

でも、ここは黒龍さんのほうがわかりやすい説明をしてくれるのは間違いない。なぜならば、それがガガだからだ（笑）。

◉実感1　もしもあるとき龍神の気配を感じたら

ここで銀縁メガネの黒龍号が再び登場した。ん？　今度はなぜか白衣までまとっている。

きっと助手のイメージなんだろう。

「授業といえばやはり白衣でしょう。私は人間たちを観察していて覚えたのです」

黒龍助手はすまし顔でそう言った。結構その気だ。こういうノリは大事だと、僕もそれに応えることにする。

「では黒龍助手、よろしくお願いします」

そう言って僕は続ける。

「龍神様がそばに来てくれたり、味見をしてくれたことを実感する出来事を教えてくださ い」

銀縁メガネを中指（？）で押し上げると、黒龍が口を開いた。きっとそんな感じだ。

「龍神は人間に気付いてもらうためにさまざまなサインを送ります。とはいえ、直に人間としゃべれませんし、姿も見えません。そこで、私たちは時を操ったり自然現象を利用するのです」

ほうほう。

「具体的にはどんな？」

知りたい。僕は身を乗り出す。

「まずは数字の「八」「8」。漢数字でも2柱の龍が、アラビア数字でも龍がクネクネと舞っているように見えます。そこで私たち龍神は、このハチという数字をメッセージにしようと考えたのです。ですから、**やたらと「八」「8」に出会うことがあったら、龍神がそばにいる**ことに気付いてあげてください」

「うんうん、ハチね」と早速、龍神の教えノートにメモる。「人間はせっかく良いことを教えてやってもすぐに忘れてしまうのだ」とガガに叱られてからメモを取る癖がついた。

「ほかにはなにかありますか？」

メモし終えると、僕は顔を上げて聞いた。

突然の風や木々の騒《ざわ》めきもそうです。タカさんも神社の境内で経験があるはずです」

「はい。あ、龍神様がいるなって感じます」

僕は神社の境内でよく実感する。

「ほかにも**季節の香り**を感じる瞬間。春には梅の香り、秋に香る金木犀、日本の四季には香りが付き物です。その季節の香りを風に乗せて運びます。季節を感じる日本人の感性と本能を刺激して、龍神からのメッセージとしているのです」

そういえば昔からワカは、「あ、春の香りがする」とか「夏が駆けてくる匂いだ」と香りに敏感だ。それは同時に、龍神の存在を敏感に感じ取っていたということなのだろうか。

「雲もそうよね？　神社行くといつも雲が龍の形になるもん」

「もちろん**龍の形をした雲や虹**なんかもメッセージに変えています。自然を駆使して私たちは人間にそばにいることを教え伝えています。そのことに気付いてもらえたら、私たちとの距離はグッと近くなるでしょう」

ポイント❶　偶然ではないたくさんのメッセージに気付いてあげましょう。

◉実感2　もしも龍神に魂を味見されたら

「ええと。ここまでは龍神様がそばにいることのメッセージですよね？」

そう僕は確認すると、さらに続けて聞いた。

「実際に味見をされたときにはどんなことが起きるんでしょうか？　それがわかれば『あ、これは龍神様が私の魂を食べてくれたんだ。うれしい！』って気持ちになると思うのですが」

どんなことが起きるのかを知っていれば、僕たちだってより実感が湧くというものだ。

「まず勘が鋭くなります。あ、ここはいけるな。いや、ここはやめておこう。そういう状況判断が的確にできるように変化していきます」

「状況判断が的確だと後悔することが少なくなりますね」

「はい。後悔することが減ってきたら間違いなくその人の感性が冴え、直感が鋭くなっていることを意味します。それこそ、龍神に魂を味見された証拠だと思っていいでしょう」

黒龍はそう言って大きくうなずく。

「直感が鋭くなるということは、いいアイディアが浮かびやすくなったりもしますか？」

ワカをちらりと見ながら聞いた。いつも突拍子もないアイディアを言い出すのがワカの得意技だ。そして、それがウケるのである。引きの強さがハンパないのだ。

「もちろんです。人間関係で困ったとき、仕事で問題解決の糸口が欲しいとき、解決のヒントがパッとひらめくことも多いはずです」

龍神の存在に気付くために磨かれた感性が、龍神に喰われることでさらに磨かれるわけだ。正しい選択ができるようになって、新たな道を見つけることもできるようになる。物事がうまく進むようになったらこれはもう、「龍神様が魂を味見している！」と思っていいわけだ。自信を持とう。

ポイント❷　直感が鋭くなったりひらめきが浮かんだら、龍神様が味見してくれた証拠。気付いてあげれば後悔することがどんどん減っていくはずです。

◉実感3　もしもやたらとタイミングが良くなってきたら

「自分自身の変化はわかりました。では、周りの出来事にも変化はあるでしょうか？」

周囲の変化も知りたいところである。

「タイミングが良くなります」

黒龍はそう言って、僕たちがうなずくのを確認してから説明を始める。一つ一つ相手が理解したのを確認して話を進めてくれるから黒龍さんは優しい。あ、某龍神が優しくないと言っているわけではない（笑）。

「龍神は時を司《つかさど》ります。必要なときに必要な人が現れたり、出会ったり。そういう『ナイスタイミング！』と感じる出来事が増えてきます」

これはまさに僕たちが経験したことそのものだ。選挙への出馬、講演会の実施、本の出版。みんな僕たちがやったことのないことだったが、必ず助けてくれる人が現れた。しかもベストなタイミングで。

「そして起きる出来事にも変化が現れます。その人の成長度合に応じて、一番良い出来事を起こしてくれるのです。自分に合った仕事を任されたりもしますし、逆にその仕事を通して成長を促されたりもします。少しキツイことも出てくるかもしれません。ですが、それは超えられるはずですから安心してください」

「自分がやり甲斐を感じる出来事が降ってくるわけですね」

「そうです。なにかに興味を持つようになったら、そのイベントが近くで行われるとか。勉強し始めたことに合った仕事を任されたとか。それは龍神が魂を食べたことで、それまでよりもより良い環境に導いているのです」

「ははあ。そうすると物事がスムーズに進むようになるでしょうね」

「ええ。ですからそういう『タイミングがいいな』というときには、龍神に意識を向けてあげてください。自分が付けた名前を呼んで『ありがとう』と言ってもらえれば龍神は大いに喜び、ますます良い道に導いてくれるのです」

ポイント❸　タイミングがいいときこそ、龍神があなたの魂を味見してくれたとき。「ありがとう」と声をかけてあげると龍神も喜びます

◉実感４　もしもあなたを取り巻く環境が大きく変わったら

「自分自身と周りの出来事。その変化に気付けば龍神様が味見してくれたことがわかりますね。ありがとうございました」

僕がお礼を言うと黒龍が遮《さえぎ》った。

「いえ、タカさん。大事なことがもう一つあるのです」

大事なこと？

「周りの人間関係が一気に変わる場合があります」

え？　人間関係が変わる？　これは詳しく聞いたほうがよさそうだ。僕たちにも実感がある。もう、あり過ぎるほどに！　まあ、その辺の話はあとでゆっくりすることにして、いまは黒龍の話を聞いてみよう。

「詳しく教えてもらえますか？」

僕が言うと、黒龍はゆっくりと説明を始めた。

「まずおさらいです。龍神に魂を喰われることはなにを意味するか、わかりますね」

「ええと、龍神様は『成長する魂』が好きですから、その人自身がぐんぐん成長している証拠だと思います」

僕はガガに教えてもらったことを思い出して、そう答えた。

「そうです。つまり昨日よりもステップアップしているんです。人間関係はそのレベルに応じてふさわしい人がやって来ます。つまり、成長している人はどんどん高いレベルの人と出会い、低いレベルの人との付き合いはなくなっていきます」

「周囲の人間のレベルが変わるということですか？」

「その通りです。周囲にいる人間関係は、言わば鏡ですからね」

「カガミ？　自分自身を映してるってことかな？」

ワカが首を捻りながら尋ねる。

「世の中は自分がしたことがそのまま返ってくるようにできています。良いことも悪いことも。ですから、あなたが他人にしていることが、そのままあなたに返ってきます。それはリンゴが木から落ちるのと同じくらい当たり前のことです。当然、周囲にはあなたと同じ行動を取る人が集まります。それが同じレベルと言った意味です」

「じゃあ、私が友達に嫌なことをされたとしたら、私がだれかに同じような嫌な思いをさせてたってことなの？　マジで〜？」

ワカが恐れおののいている。珍しい。

「そうです。逆にうれしいことをされたら、あなたがだれかを同じように喜ばせた証拠です」

周囲の人間関係は鏡。なるほどね、そういうことか。僕は腕組みをして考えを巡らしてから黒龍に言った。

「つまり成長する魂を龍神が食べることで、その人はより成長する。するとその人の成長についてこれない人は淘汰され、新しくふさわしい人が現れる。だから人間関係が変わる。そういうことでしょうか？」

「その通りです」

黒龍が満足そうに鼻をふくらませた。自分の解説が僕たちに理解されたことがうれしいみたいだ。

「ですから、周りの人間関係が変わったときは無理に過去の関係にこだわらないほうがよいでしょう。新しい人間関係を大いに楽しむ。そして私たち龍神のことを思い出してほしいのです。『ああ、龍神様が魂を食べてくれたんだな、自分は成長しているんだな』と」

ポイント❹　周りの人間関係が変わってきたら成長している証拠。

無理に過去の関係にこだわらず新しい関係を楽しみましょう。その前向きな魂が龍神のご馳走になります

「ガガ先生、いかがでしょうか」

黒龍助手がガガに伺いを立てる。ガガは「うむ」とうなずいた。

「わかったかね？」

……いや、だから説明したの黒龍さんだから。

「人間は我々龍神がしたことになかなか気付いてくれないのだ。それではコンビを組みたくても組めんのだよ。コンビというのはお互いが意識し合って初めて成立するものだ」

ガガの言葉に力がこもる。

「これに気付いてくれたら龍神とコンビを組める人間が増えるがね」

龍神とコンビを組む人間が増えたらこんなに楽しいことはない。だって、みんながワクワクした魂を持って笑顔が絶えない世界になるということだから。そんな日本にしたいと僕は心から思った。だって、ガガと一緒にいるだけでこんなに笑えるんだから！

龍神は見た！歴史を作った大物たちのあんな顔、こんな顔

長年、人間を見続けてきたという龍神ですが、日本を動かした歴史上の人物をどのように見てきたのでしょうか？　そんな疑問をガガさんにぶつけてみました。

そこで、織田信長・豊臣秀吉・徳川家康の３人です。戦国時代を終わらせ、天下統一を果たしていくなかで、いまでもよく比較される武将たち。すると意外な答えが返ってきました。そしてそこには、それぞれが失敗した理由、成功した理由が隠されていたのです。

「信長は新しいものを受け入れるとても柔軟な男だったのだ」

なるほど。常に新しいものを取り入れ、とどまることをしない。龍神が好む「循環」を実践できたからこそ、あそこまでの地位へ上り詰めたのかもしれません。

「だが信長は、嫌われることを極端に嫌った。だから最初から恐れられる行動を取ったのだ」

敵に対して容赦ない仕打ちを行い、恐れられたと言われている信長。しかし、それが実は「嫌われたくない」という心の表れであることを、龍神は見抜いていたのかもしれません。

「そして秀吉は、好きなヤツに嫌われるの

を極端に恐れた」そうです。

秀吉は、身分の低いときにはだれも周りに寄ってきてくれなかった。だから嫌われることを恐れずに大胆に行動できたのかも。ですが、身分が高くなり身内が増えると、その人たちに嫌われるのが怖くなった。家臣に慕われていた秀吉が、年を経るにつれ身内に敵対する者を厳しく処罰したのも、そのせいなのかもしれません。

「それで家康はな、結構明るくて面白い男だったのだよ。そして情が深かった」

これは意外。家康と聞けば、「なにかを企んでいる暗い狸《たぬき》おやじ」的なイメージですが、伝えられる姿と実際の姿には差があるようです。


周りを笑わせる。一緒にいると楽しくなる。家康はそういう人物だったとガガは言います。そして情に深く、相手の気持ちをおもんばかる。まさに龍神が好む魂の持ち主だったらしいのです。そしてなんといっても極めつけは、

「ヤツは嫌われることをなんとも思わない男だったのだ」ということ（笑）。

家康は嫌われることを恐れず、常に本音を出したそうです。そのうちに真の理解者が現れる、腹を割って話せる人が現れるのです。そうして得た仲間と共に天下を治めることに成功した。これが龍神の見解です。信じるも自由、信じないのも自由。僕はもちろん信じています。

3時限目

龍神から聞いた幸せの法則

「悪いことはしたことがない」と言う人ほど不幸そうなのはなぜ？

さて、ここまで龍神や神様についてお話をしてきました。しかし**この世の中、すべて神様がしているわけではないそうです。つまり、宇宙の法則によって当たり前のこととして起きている現象がある**わけです。

たとえば、ガガが言っていたバチのお話も然《しか》り。良いことも悪いことも、したことが（原因）返ってくる（結果）。

そこで3時限目の授業では、僕たちが龍神から聞いた、幸せの法則を話してみたいと思います。

「というわけで、ガガさんよろしくお願いします」

僕は宙を見上げ、改まった口調で言った。

「ふん。仕方ないがね」と言いながらもちょっと満足げなガガ。この龍神、素直でないところがかわいい。

「まず、人間は良いことと悪いことを勘違いしているケースが多い」

「勘違い？　良いことだと思ってやっていることが実は悪いことだったとか、そういうことですか？」

「さよう。この世の自然な流れ。仮に『世の中の法則』とでも言っておこう。世の中の法則では『周りの人にどういう感情を与えたか』、それが基準になるのだ」

ガガはそう言うと僕たちの顔を見回してから続けた。

「ある学校で、帰宅途中の寄り道や買い食いが禁止されているとする。しかし、給食を食べ損ねた女の子が我慢できず、こっそりパン屋に寄って焼きそばパンを食った。それを見かけた同級生が先生に告げ口をしたとしよう」

「あー、あったあった。ほんとムカつくわよね。だれも見てないと思ってたのに」

ワカ、身に覚えがあるらしい。というか、ワカを見ていたガガの実話か？

「買い食いしてはならん、というのは人間が決めた規則だ。だが、一人でこっそりした分にはだれにも迷惑をかけておらんがね。世の中の法則にも影響はない。しかし、告げ口した同級生はこの女の子に嫌な思いをさせたことになる。そこに世の中の法則が作用してしまうのだ」

「告げ口した子は、先生に自分の良い子ぶりをアピールしたいとか、その女の子を陥れたいという邪心があったわけか。暗に人を一人傷つけたことになりますね」

「規則というものは人間が秩序のある社会のために作ったに過ぎん。むろんそれは大切だが、時代や社会によって変化するものだ。**しかし、世の中の法則は変わらない**のだよ。いつの時代でも人に嫌な思いを与えたらそれが返ってくる。そう決まっているのだ」

へえ。そうなのか。

「だから**『俺は悪いことをしたことがない、自分は絶対正しい』というヤツほど人間の決まり事に縛られ、窮屈そうでイライラしている。常に裁けるだれかを探している**からな」

「じゃあ、私は大丈夫だ。時と場合で臨機応変にカメレオンするもん」

変なところで、ワカが胸を張った。

規則はちゃんと守らなきゃダメだ！と、それに固執してだれかを傷付けてなかったか、たぶんいろいろ裁きたがり屋だった過去を思い返しながら、僕はちょっと反省する。

「あと『三度の飯さえ食えれば満足』と、倹約ぶりをアピールするヤツも同じだがね」

「え？　どういうこと？」

ワカが聞く。日本では質素であることを美徳としたり、清貧は良いことだと思われている節がある。

「考えてもみたまえ。自分が飯を食えればいいというのは、言い換えれば『自分のための金さえあればいい』ってことだろ。人を喜ばせようという気持ち自体が薄いのだよ」

「まさか……。世の中の法則として、したことが返ってくるのであれば、人のためにお金を使えば自分のためにお金を使ってくれる人が出てくるということでしょうか？　逆に自分のためにしか使わなければ……」

「さよう。当然、金は入ってこないがね。なぜならそいつが人のために使わなければ、自分のために金を使ってくれる人なんていつまで経っても現れんからな」

「ははあ。世の中の法則って結構、シンプルなんですねえ」

というか、複雑にしているのは人間自身なのかもしれない。

「だから意外と人間は思い通りの人生を歩んでおるのだよ」

えっ？と僕が聞き返すのを無視するように、ガガは続ける。

「**私はお金がないから安いものしか買えないと常々口にしているヤツには、安いものしか買えない金しか入ってこない**。な、思い通りだろ」

ガガは片方の口の端を上げてにやりと笑った。

なるほど、そういうことか。

金は天下の回りもの。大企業が業績不振でもつぶれないワケ

「ガガさん。お金の話、面白いのでもっと詳しく知りたいです！」

僕は言った。お金の話は大好きだ。というか、嫌いな人いるんだろうか？

「よろしい。ではまず、金を得るということはどういうことかね？」

「仕事をした自分に対する『対価』という認識でいますが」

いわば頑張り賃だ。

「では、その仕事はどういうことを意味する？」

仕事で収入を得るにはお金を払ってくれる人が必要だ。なぜ払ってくれるのか？ その人にとって有益なことを提供するからである。

「人を喜ばせたり、満足させることですよね！」

「ほう。その通りだがね」

ガガがうなずく。

「仕事の利益とは、どれだけ人を喜ばせたかということで決まる。喜びの大きさと喜ばせた人間が多ければ、それだけ報酬という見返りもデカくなるのだ」

「それも世の中の法則ね。人気の歌手はたくさんの人を喜ばせて大きな報酬をもらう」

ワカがわかりやすいたとえを出してくれる。

「正解だがね。人も組織も同じように法則は働く。デカい会社になれば社員も多い。顧客だけでなく、多くの社員に『給料』という形で金を使うことで、また多くの社員やその家族も喜ばすことになる。だからデカい会社が不振になってもそう簡単につぶれないのは、こんな理由もあるのだよ」

「最近はブラック企業ってのもありますけど……」

社会問題にもなっている。

「ブラック企業は社員を喜ばせていないのだよ。社員にそっぽを向かれては会社の成長もないだろう。内から外に喜びを与えることで、経済というものはどんどん回るのだ」

「顧客だけではなく社員にも喜びを、か」

内も外も大切にする……。

「人も会社も同じなのだよ。金持ちは人を喜ばせるために進んで金を使う。それを『あの人はお金があるからできる』というヤツがいるがそれはまったく違う。**金持ちは金がないときからだれかを喜ばせる使い方をしてきた。だから金持ちになった**のだ」

人はお金があればとか、ないからという言い訳をしがちだ。だけど、できることはあるはず。寒い朝に缶コーヒー一杯ご馳走するのだって気持ちが伝わったりするのだ。僕もそういうお金の使い方を心がけよう。ひそかにそう思った。

恋の始まりは幸せ。でも、ずっとはその気持ちが続かない理由

「世の中の法則はお金にも働くことがわかりました。では、愛情とかにも関係するんでしょうか？　どんなに熱愛で結婚しても結婚生活は冷めてる、なんて話も聞くんですが」

そういう話は少なくない。結婚したころはあんなに毎日が幸せだったのに、なんて話もよく聞くし、実際相談をされることが僕らもあるのだ。

「もちろん、それにも明確な理由があるがね」

結婚生活にも？　それは興味深い。

「教えてください」

僕はメモを用意してガガに尋ねた。

「簡単なことだ。恋愛しているときは大好きな相手を優先する」

「た、確かにそうですね……」

これは単純過ぎて目から鱗《うろこ》だ。なるほどね〜。

「当然、相手が喜ぶこと、楽しんでくれることを優先して行動するだろ？　プレゼントするとか、行きたい場所に連れて行くとか。そうして相手に喜びを与えればどうなるかね？」

ガガが先ほどのおさらいをするように問いかけた。

「返ってくるんでしょ？　喜びとなって自分のもとに。それが世の中の法則」

ワカが答えた。

「さよう。お互いがお互いのために行動すれば、双方が幸せな気持ちになるのはごく当然の結果だ。しかし、結婚するとなぜか皆、その気持ちが薄れていくのだ。なにかにつけて自分を優先して考えるようになる」

結婚すると恋愛ではなく、ただの生活になる。多くの場合は相手よりも自分が生活しやすいように、自分の感情が優先されるのは仕方ないことかもしれない。でもそうすると世の中の法則で、

「自分の思う通りに相手が動かないと不満が出る。相手に不満をぶつけるようになるがね。だから当然それは自分自身に返ってくる。恋愛のときとは逆に、お互いが不満を招き寄せるようになってしまうのだ」

あ、それは嫌です。すごい悲惨。

「恋愛時代と同じには無理でも、生活のために懸命に働いてくれる旦那さんへの感謝、家庭を守ってくれる奥さんへの感謝。それをお互いに忘れない。それが世の中の法則をうまく使うコツってことね♪」

そういう妻に僕はいつも感謝している（つもりだ）。

人を不安にさせるなよ。ブーメランの法則は本当だった

「あの、ガガさん。よく『あなたには悪い霊が憑いている。この壺を買わないと不幸が訪れる』と怖がらせて物を売りつけたりする人がいますが、そんなことってあるんですか？」

世にいう悪徳商法。まあ、いまでもなくならないのは買う人がいるからなんだけど。

「タカや、おまえバカかね？　そんなもんあるわけなかろうが！」

「ホっ。ないんだ、よかったです」

僕は胸をなでおろす。

「**壺があれば幸せになるとか、この絵を飾れば家庭円満とか、そんなことあるわけない**だろう！　たとえばだね！」

ガガはテーブルの上にある僕のデビュー作『妻に龍が付きまして…』を指さして言った。

「『この本を買って読めば幸せになる』と聞き、読んだ人間が我の言葉を実行して、龍神と仲良くなり幸せになったとする。しかも1500円だ、お得ではないかね⁉」

それはお得だ！　なにもこんなところでCMを入れる必要はない気もするけど（笑）。

「しかしだ、それは本を買ったからではない。その人間が書いてあることを行動に移し、根本の心が変わったからだ。だから、周りの環境も望むように変わった」

「つまり壺だろうが本だろうが、それがあるだけではダメだと？」

「当然だがね」

「それにだ。そういう輩《やから》は人を不安にしてものを買わせるわけだろ？」

「ええ、恐らく」

人は恐怖から逃れたい生き物だから、そういうのに頼ってしまうのかもしれない。

「わざわざ人を不安にさせるということはどういうことか？　おまえわかるよな」

あ、自分にも不安なことが返ってくる。ブーメランなわけだ。

「不安なときというのは、なにかにすがりたいものだよ。これはだれでもな。そんなときに妙に優しく近づいてくるヤツには注意したまえ。柔らかな不安材料を話題にあげてくる場合が多いのだ。そんなときは無理やりにでも気持ちを切り替えてみたまえ。楽しいことに飛び込んだほうが絶対いいがね。幸運グッズなど買わずとも大丈夫なのだよ！」と頼もしく言った。

一歩踏み出す勇気を持つ

「タカや！　事件だがね!!」

ガガの雄たけびで目が覚めた。な、な、なにがあった？　僕は驚いて飛び起きる。

「我はもちもちした感触が知りたいと言ったのだよ！」

あ、そういえばそんなこと言ってたな。真面目に聞いてなかったけど。

「龍神仲間が餅布団を用意してくれたのだよ。我はそこに寝てみたのだ」

ほうほう。相槌を打ちながら、僕はベッドから起き上がる。

「すると動けなくなった。くっついて離れなくなくなったのだ。我は焦ったのだよ！」

餅にくっついて動けなくなった龍神様……。そんな龍神様はガガのほかにいないだろう。

いや、いるはずがない。というか、いてはならない。やっぱりガガはスケールが違う。

「しかし、そういう好奇心はすごいですよね」

あくびを噛み殺しながら言うと、ガガは不思議そうに言葉を返す。

「なぜだね？　おまえたち人間は興味を持ったらそれをしたくならんのか？　興味があるのにしないほうが我は不思議だがね」

「はあ、まあ……」

さも当然のことのように返された言葉だが、人間としてはちょっと責められてる気がして言葉を濁した。そういえばいつからだろう。「したいこと」「やりたいこと」をなにかしらの理由をつけてしない人が多くなった気がする。特に大人になればなるほど。

「おまえら、龍神や神様に助けてもらったよな？」

「はい」

いっぱい助けてもらった。いや、いまも助けてもらっている。

「なぜ神様が助けてくれたと思うかね？」

なぜ？　そんなこと考えたことない。

ワカが龍神としゃべれるからか？　みんなに龍神の教えを広めようと頑張っているからか？　はて、なぜだろう？

「おまえらは本気だったがね。その道で食っていく覚悟があった。このご時世に我々の教えを書物にして、世に広げたいと強く望んだ」

「思いましたよ。だってしたかったから」

会社を辞めてどう生きるかを模索し続けた3年間、あとには引けない思いで必死だった。本を出す（しかもちゃんと商業出版でだ）なんて、僕にできるのかなと思ったことも疑ったこともあったけど、毎日本気で取り組んだ。

「だから押したのだ」

ガガが続ける。

「その行動から本気度が伝わったから、龍神も神様もお前の運勢を押し上げたのだよ」

「でも、やりたいことを本気でやるのって別に特別なわけじゃないでしょうよ？」

寝起きのワカが不機嫌そうに反論する。

「それが意外とやらんヤツが多いのだよ。子供のころはみんなたくさんの夢を語ると言ったよな」

「ああ、パイロットになりたいとか、野球選手とか歌手になりたいとか。確かに夢っていっぱい出てきたわ、ふぁわーあ」

ワカ、大あくび。寝グセも大爆発である。

「子供のころはそんな経済力もないし実際に行動はできんが、大人になればどうだね？　子供のころに比べてぐんと行動できる範囲が広くなっているはずだがね？」

うーむ、なるほど。子供のときはパイロットになれなくても、大人になれば航空学校に入るとか、勉強して試験を受けるとかいくらでもチャレンジできる。お金の問題も、本当にやりたければなんとか工面もできるだろう。

「しかし、大人になるとどんどん行動しなくなるのだ。可能なことは増えているのにな」

いつの間にか、「どうせ無理だから」「お金がかかるから」なんて理由をつけて、勝手に諦めてしまっていると思う。

僕はもう一度考えを巡らせた。あれは去年の新聞記事だったたか、子供の夢が変わったという見出しを目にしたのを思い出したのだ。

1970年代に小学生の女の子のなりたい職業の1位はスチュワーデス、いまで言うキャビンアテンダントだ。2位はデザイナー。華やかな職業が目立っていた。それに対し、2015年には1位が教員、2位が医師。どちらも国家資格を必要とする堅実な職業とも言える。以前、ガガが言っていた。

「昔は子供の魂は特にウマかったのだ。しかし、最近は子供の魂も喰えんのだよ。ワクワクがない子供が増えているがね」

そう言ったときのガガの寂しそうな顔が印象的だった。

子供でさえ将来の夢に制限をかけている時代ということか。もしかしたら親から、「そんなのなれっこない」とか「おまえには無理」という言葉をかけられて、夢を失う子供も増えているのだろうか？　いつしか子供まで現実的な選択肢ばかりを選ぶようになったのであれば、なんて夢のないつまらない時代だろう。親にすれば、「子供には大きな失敗をさせたくない」という親心なのかもしれないけれども。

するとガガが、僕の思いを見透かしたかのように話し始める。

「確かに失敗するのは怖いだろうさ。しかしな、**怖いことや迷うことというのは、実は本当に自分がしたいこと**なのだ」

そうなの？　でも、言われてみればそうなのかも。僕たちも怖いことをやり続けてきた。

「本当に自分がしたいことに踏み出せる勇気。それがおまえらの一番の強みであり、神様にも好かれるゆえんだろうな。たとえ失敗してもやり直せばいいと本気で思っている」

「じゃあ、たぶん私たちバカなのね。やりたいと思ったら我慢できずに後先考えずプラン組んじゃうから。ね、タカ？」

「う、うん。そうだね……（↑ちょっと複雑）」

そうか。会社もなく、お金もなく、出版界のツテもなく、コネもなく、そんな僕がひょんなことから作家になれた。それもたった1年でだ。いまではオファーが絶えることがない。あんなに夢見た世界に僕はいる。本当に願いが叶ったのだ。僕たちはただガガの教えを信じて、一つ一つを実行していっただけなのに、あれこれ考えないのがよかったなんて。

そう考えると僕たちの心は最近の小学生よりも子供なのかもしれない。見た目は大人、頭脳は子供。うーん、なんかバカっぽい（笑）。でも……僕は心から思った。バカでよかったと！

「ところでだ！　我にまだ餅がこびりついておるのだ。どうすれば取れるのかね？　なんとかするがね！」

ガガが声を荒げて叫ぶ。

「ガガさん白いから目立たないんじゃないですか？」

餅付き白龍。やっぱりガガは面白い！　黒龍さんにいい案を出してもらおう、うん、それがいい。

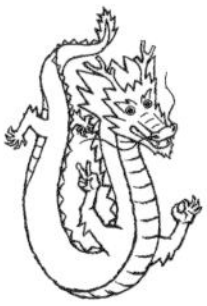

「本当にやりたいこと」の意味を履き違えるな

「おい、タカや！」

来た。ガガだ。あのあと、餅は黒龍さんにはがしてもらったらしい。まったく人騒がせな龍神様である。そして今日も朝からにぎやかだ。僕はパソコンに向かい、文章を打ち込む手を止めた。

「どうしたんですか？」と聞く。まあ、いつものように大したことではないだろう、とは決して口に出さない。

「意味だがね！　意味の意味を履き違えている輩のなんと多いことよ！」

「意味？　一体なんの意味ですか？」

まさしく意味がわからない。僕は眉間《みけん》に皺を寄せて聞き返す。

「我は、『本当にやりたいことをするのだ』と言ったがね！」

ガガの話によると、僕たちがガガから聞いた「やりたいことをする、それが大事」という話を多くの人に伝えたあとで、こんな人たちを見つけたらしい。
・レストランで大声で騒ぎたい
・車で制限速度を超えてぶっ飛ばしたい
・子供の面倒を放棄して夜遊びに行きたい
「やりたいこと」だからやってもいいんだよな。だって、リュージンさんは「やりたいことをやろう」ってオススメしてるじゃん。そのほうがうまくいくんだろ？

まあ、簡単に言えば「そういう人たち」だ。

「キエーーーっ！！！　我が言う『やりたいこと』とはそういうことではないがね！」

ガガはもう一度叫ぶと、息荒くこう続けた。

「**本当にやりたいこととは、なにがあってもしたことを後悔しないこと**なのだ！」

「もし失敗しても、自分がしたかったのだから！と納得できるということですか？」

どうどうどう。僕はガガをなだめながら尋ねる。

「さよう。レストランで騒いで叱られても、スピード違反で捕まっても、子育てを放棄して家庭不和になっても、それは自分のやりたかったことだからと後悔しない、納得できるのであれば勝手にすればいいがね！　ああ、するがいい！　しかしだ！」

す、すごい荒ぶりようだ。ガガはその大きな口をこれ以上ないくらい開けて言った。

「そういうヤツらはみんな決まってこう言うのだ。『やらなきゃよかった』とな！」

僕はガガの声を聞きながらうなずいた。なるほどね。そういうことか。

「それは『やりたいこと』と『ただのわがまま』の違いですね」

僕の言葉にそうなのだとガガが言う。少し落ち着いたのだろうか。

「だから『やりたいこと』をするには覚悟がいるのだ。その行動をだれに批判されようと、変な目で見られようと、後悔しない、受けて立つ。そういう覚悟だ」

「でも、他人の反応でやったことを後悔するのであれば」

「それは本当にやりたいこととは言えんだろう。なぜなら『他人の評価』のほうを優先する、しょせんその程度のことだからな」

ガガは僕のほうに視線を向けて続ける。

「タカや。おまえ、選挙落ちたろ。そのとき、泡まつ候補だとか、バカなことしたとか、散々言われたよな」

「言われましたねえ」

僕を哀れむような目、バカな男だなというヒソヒソ話、「どうせ利権目当てだったんでしょ」という陰口を思い出す。ま、バカな男だという意見には賛成だけど（笑）。

「おまえ、後悔したかね？」

「いえ、一度も後悔したことないです。だって本気でしたから」

震災のときのひどい政治を見て、僕は本気でなんとかしたいと思ったのだ。後先なんて考えていなかった。

「それが我の言う『本当にやりたいこと』だがね。絵を描きたい、歌を歌いたい、本を書きたい、人にはさまざまな夢がある。本気でやりたいと思ったらすればいいのだ。本当にそれがやりたければ、他人の目なんか気にならんはずだがね」

ガガが続ける。

「自分が本気でやりたいと思ったことであれば、決して人のせいにはできんのだ」

皆さんも身に覚えがないだろうか。人に勧められてうまくいかないと、「うまくいくと言われたからやったのに」とその人のせいにしたことが。僕にも経験がある。でも、結局それは自分で腹がくくれてないだけのことだ。

そして僕はワカに視線を向けながら思った。ワカがガガと長年、話をし続けられる大きな理由も実はそこにあると。

多くの人が龍神や神様の話を聞けるとしたらどうするだろうか？　きっとなにか困ったことがあると頼り、うまくいく方法を聞くだろう。しかし、それを続けていては依存心が芽生え、自分で考えて判断する力がなくなってしまう。いずれ神様の声は聞こえなくなり、離れてしまうだろう。

しかし、ワカは決してそれをしない。むしろガガに「こうするといいがね」と言われても、自分がやりたいと思わなければ決して動かない。そう、言うことを聞かないのだ。いまのところガガの言うことの逆をしてうまくいったためしは……ない。

しかし、まず自分で思った道を進み手痛い失敗をすることで、「あーあ、やっぱりガガの言う通りだったわ」と初めて自分で納得するのだそうだ。決して、「ガガの言う通りにすればよかった」とはならない。なぜなら、ガガに言われたことは「自分がやりたいことではなかった」からだ。

自分が本当にしたいことをすることで、後悔を一つ一つ減らしていく。そうすると、自然と人生がうまく回るようになるのだ。きっとガガはそのことを人間に伝えたいんだ。言葉はわけがわからないけど（失礼）すごく優しい龍神様なのだ。

僕が感慨深げにガガのほうに目をやると突然、「話は変わるが」って今度はなんですかっ？

「我はチョコレートの海で泳ぎたいがね」

「はっ？」

僕は目を丸くする。

オイオイ、せっかくここまでいい話風にきたのに、なに言いだすんだよ。餅の次はチョコレートですか？

「我は知ってしまったのだ。チョコレートの噴水が存在することを。人間がそこに棒を突っ込んで食べておるがね」

「あ、チョコレートフォンデュのことね」

ワカが困ったように声をあげる。

「すぐにそれを用意したまえ。そのなかで泳いでみたいがね。いますぐ！」

チョコレートまみれの龍神様。というか甘くてなんだかおいしそうなんですけど。これはまた黒龍さんが後始末に追われそうだ。

「ガガさん、チョコの噴水に飛び込むとベッタベタになっちゃいますけど、後悔しませんか？」

「しないがね！」

こりゃ説得には時間がかかりそうである。

選択に迷ったときのとっておきの判断基準

ところで、と食器の音がカチャカチャ響く店のなかで僕はしゃべりだす。結局、ガガの説得に失敗した僕たちは街のスイーツカフェにやって来た。授業の合間の給食時間といったところだろうか。

「ガガさんは『本当にやりたいこと』のためにチョコレートフォンデュがあるお店に来たわけですが、なにが本当にやりたいことか、判断に迷っている人はどうすればいいんでしょう？」

結構、そういう人は多い気がする。

「…………」

シーン。

「あれ、ガガは？」

僕はワカに尋ねる。くどいようだがガガとの会話はワカの通訳なしでは成り立たない。

「ガガさんはいま、大変な状況になっているので代わりに私がお答えしましょう」

黒龍が現れて言った。ガガが大変？　まさか、チョコレートのなかで溺れたわけではあるまいが。そんな不安をよそに黒龍が淡々と説明を始めた。僕は聞き耳を立てる。

「なにかの判断に迷ったとき、選択に迷ったときのよい判断基準があります」

黒龍は深くうなずきながら言った。見えないけどきっとそんな感じだ。相変わらず白衣と銀縁メガネ姿だ。結構、気に入ったと見える。

「その判断基準とは？」

僕は尋ねた。

「**どうすれば一番後悔しないか？　それを判断基準にするとよい**でしょう」

「なにが良いか？　ではなく、なにが後悔しないかということですか？」

「そうです。タカさんは選挙に出て落選しても後悔しなかったと言いました。もしやらなければ、『もし出馬していたら』という思いがずっと残ったでしょう。でも、出馬したからこそ『出馬して、ダメなことがわかった』とスッキリできたわけです。成功しても失敗してもそこに後悔は残りません」

そして、と黒龍は続けた。

「それぞれのケースを思い浮かべて、失敗したときにどの行動が最も後悔を減らせるかを基準にするのです」

黒龍はそう言い切ると、ちらりとスイーツが並ぶ大きなカウンターのほうに視線を向けた。その先にはチョコレートフォンデュが噴水のような存在感を示している。

「ガガさんは、チョコレートのなかで泳いだら固まってしまうことがわかりました。これもやってみなければわかりません。『固まるからやめたほうがいい』ということがわかったので、きっと後悔は残らないでしょう」

「ガガ、固まっちゃったんだ。ははは」と、ワカがみたらし団子を頬張りながら他人事のように笑う。このカフェ、和菓子もあるのか。

「黒龍さんの話だと、多くの場合は行動したほうが後悔が残らなさそうですね」

僕は頬杖をついて言った。甘いバニラの香りが漂ってきて、スイーツカフェにいることを思い知らされる（ガガに言われなかったら絶対に来ないだろう）。

そして、せわしなくスイーツを取りに向かう人の波を見ながら考える。後悔するか、成長につなげるか、それは最終的には自分の気持ちの問題ということかもしれない。

「つまりは、後悔しないような行動をする。そしてその結果を次へつなげる。いい人生を送るにはすべてはそこから始まるってことですね」

「そうです」と黒龍はニッコリ笑って説明を続けた。

「たとえそれがワガママだとしても、やってみたいこともあるでしょう。子供との約束を破って母親が一人で遊びに出かけた。それはワガママかもしれません。しかし結果、喧嘩が絶えず家庭の雰囲気は悪くなった。そこで気付けばいいのです。『あ、これはしちゃいけないな』というふうに」

「そこで成長につなげることができれば」

「はい。後悔は残らないはずです。だって、行動したことで気付けたわけですから。ですがそれを繰り返していては、本当のワガママになります。家族に嫌な思いをさせることをわかってやっているわけですからね」

失敗したら次はそれを繰り返さないようにする。失敗しないために動かないのではなく、同じ失敗を繰り返さないように行動することが大切だ。そうやって失敗を繰り返し、人はいつしか成長している。後悔も一つ一つ減らすことができるのだ。

「判断に迷ったら後悔しないほうを選ぶ。そして行動する。素直にやればいいんですね」

僕がそう言うと黒龍は、

「心に正直なのが一番後悔しないのです」と優しくほほ笑んでくれた。いつの間にか頭には救急のヘルメットをかぶって。

「では、私はガガさんをチョコレートの海から救出してまいります」

そう言い残すとヒュンと身を翻《ひるがえ》して、素早く飛び去って行った。黒龍さん、いつもスミマセン。黒龍さんのヘルメット姿がものすごく頼もしく思えた。

自殺はどうしていけないのか？

「まったくとんでもない目に遭ったがね！」

そう文句を言いながらもガガはどこか楽しそうだ。大変だったのはガガを救い出した黒龍さんだったと思うんだけど。開けた窓から涼《すず》やかな風が流れてくる。

「チョコの海で溺れる龍神様なんて聞いたことないわ。死んじゃったらどうすんのよ」

「心配無用。龍神は死なんがね」

ワカの声にガガが答える。

「でも人間だったら死にますから、危ないことしちゃダメですよ。危険だとわかっていてすることは自殺行為です！」

ぴしゃりと言い放つ僕の言葉にガガが反応した。

「なにっ、自殺だと⁉　自殺はならんのだよ！」

一転して緊迫したガガの声に空気が震える。

近年、自殺は日本の大きな社会問題になっている。その数は平成15年の3万4000件をピークに減少してはいるが、いまだに毎年2万人を超える人が自らの命を……。

「そもそもなぜ、そんなに自殺する人がいるんでしょうね」

「我が知るかね！」

ガガはそう叫ぶと、我慢ならんというふうに語気を強めた。まあ、気持ちはわかる。

「そもそもだ。人間の魂は長い旅をしているのだ。そのなかで肉体を持って生まれるのはほんの一瞬でしかない」

「はい」

ガガは前にもそう言っていた。**長い魂の旅のなかで、人間は自分の課題を克服し成長するために、肉体を神様から借りて生まれてくる。**だから神様の借り物である肉体をないがしろにする自殺という行為は、神様への冒涜《ぼうとく》にもなる。とはいえ、

「だけど、人それぞれ事情もあるんじゃないですか？」

僕は自殺を容認するわけではない。でもそういう人たちにもやむにやまれぬ事情があるとも思うのだ。

「クワー！　おまえは本当にバカだがね。我はそんな話をしているのではないのだ！」

ガガはそう言うと、「はぁー」とため息をついた。

「旅をする魂の目的は『成長すること』なのだ。そのために魂は自分に足りないこと、未熟なことを克服するために課題を持って生まれてくる。この世に生を受けるのだ」

「自分の課題に見合った環境を選んでくるわけですか？」

僕は眉間に皺を寄せて尋ねる。

「さよう。魂を成長させるには経験が一番だからな。前世で子供を愛さなかった親は、そ

の気持ちを知り反省するために、愛されないであろう環境を自ら選んで生まれる。努力を怠った人間は同様に努力しないと生きられない厳しい環境を選び、その課題を克服しようとするのだ」

「じゃあさ、もし、それを克服できずに逃げ出したら？　つまりは自殺しちゃった場合はどうなるわけ？」

ワカがガガに問いかける。

「ふん。我が言いたいのはそこなのだよ。そういう魂はまた同じ環境を選び、生まれる」

「課題を克服するために何度でも同じ環境にチャレンジするってことですか？」

「さよう。だから自殺するヤツはバカだと言ったのだよ。**この世で逃げ出しても、また同じ環境が巡ってくるのだ。何度でも何度でも。そいつが課題を乗り越える勇気と行動を取るまでは何十回でも何百回でもだ**」

そう言ったガガはなんだか悲しそうに見えた。

龍神たちは長く長く人間を見てきたそうだ。当然、何度も生まれ変わっては自殺を繰り返すような魂もいたことだろう。そんな魂を見続けなければいけない龍神は、一体どんな気持ちなんだろう。どんなに助けたいと思ったところで、自ら成長しようとしない魂では龍神もどうしようもない。結局はその魂を持って生まれた人間自身が強く成長して、自分の課題を克服する。それしかないのだ。たとえそれがどんなに苦しいことだとしても。

「あのう、そういう人はどうすればいいんでしょうかね？」

僕はダメもとで聞いてみた。

「そういうヤツは自分で不幸を引き寄せている場合が多いのだ。嫌なこと、つらいことにしか焦点を当てない。しかし、どんな人間でも良い出来事はあるものだ。道端でキレイな花を見つけた、だれかに気にかけてもらった、それだけでも幸せなことではないか」

「**自分が不幸だと思っている人は、小さな幸せを見過ごしていると**」

「うまくいくヤツは、そんな小さな幸せを一つ一つ積み重ねている。どんな小さくても目ざとく見つけては一人で喜んでいる。そういうヤツはホントに強いがね」

そう言うとガガは僕たちに言った。

「**どんな環境でも超えられない課題はない。なぜなら自分でその課題を選んでいるのだからな**。この世で逃げてもまた同じ状況がやって来る。場合によってはさらに厳しい環境でだ。何度でも何度でも。ならばいま、それを克服したほうがよいではないか」

どうせ超えなければいけない課題ならば、いま超えるしかないのだ。もちろんそれはだれのためでもない、自分のために。僕は宙を見上げて口を結んだ。するとそれを確認するようにガガは再び口を開く。

「それにな。人間だけが唯一、自分の意思で生きている生き物だからとも言える」

「自分の意思で生きている？」

脳では理解が追い付かずに、眉根を寄せて僕は聞き返した。

「タカやおまえ、焼き鳥好きだよな」

実は東京出張の帰り、新幹線で国技館焼き鳥をつまみにビールを飲むのが僕のひそかな楽しみだ。まさか肉を食べることをとがめられるのでは。

「神社に行く前には潔斎《けっさい》をして肉を絶つのが望ましいが、人間が肉体を維持するためにはある程度、肉を食うのは必要だ。なにより強い肉体でなければ我々龍神のパワーを受け止め切れんからな」

その言葉にホッとする。しかしその瞬間一つの疑問が脳裏をよぎる。

「でも、命の重さという意味では人間も動物も同じなんでしょうか？　人間はタンパク質を補給するのに動物や魚を食べるわけですが」

一寸の虫にも五分の魂ということわざもある。そこは聞いておきたいポイントだ。

「では、おまえにとって一番大切な命とはなんだ？」

「やはり自分自身の命です。あとは家族や大切な人たち」

命の重さは同じと言われても、自分にとってはやはり自分や身内の命が優先される。それは当然だろう。

「さよう。ならば、**人間がその命を維持するためにほかの動物や魚の命をいただく。人間に害をなす虫を駆除する。それは神様から借りている肉体を守り、維持するために必要**だからだ。まず、大事な自分自身を守ること、それが神様への敬意でもあるのだ」

「つまり、生きていくうえでは必要な殺生もあると」

僕の問いにガガはゆっくりとうなずき言葉をつなぐ。

「もちろん、不必要に動植物を殺してはいかん。しかし、人間は自分の意思で生きるために動物の肉を食い、害虫を駆除して稲を守る。**虫も人間も命の重さは同じとかいうヤツもいるが、この世は綺麗事だけでは生きてはいけん**」

だれもが言いにくいことをバッサリ言い切るガガ。その強さが龍神たるゆえんなのだろう。命の重さは同じとか言いながらも、肉体を強くするのにタンパク質は欠かせない栄養源なのは紛れもない事実だ。

「だからこそ、日本人は食事するときに言うではないか『(命を)いただきます』と」

僕はその言葉を改めて噛みしめる。自分の意思でたくさんの命をもらって生きているのが人間だ。「いただきます」の数だけ。そして思う。

その人間が自ら命を絶っていいわけがないのだ。

正直だけでは微妙にダメ？ 龍神版「金の斧」物語

ところで、僕は姿勢を正してガガに問いかける。以前からの疑問があるのだ。

「ガガさんは『正直に生きる』とおっしゃいますが、だれにでも欲はあると思うんですよ」

社会のなかで生きていれば、人には必ず欲が生じる。出世の欲、お金の欲、愛情の欲。欲のない人間なんているとは思えない。なにより僕は欲張りだ！

「そんな欲も正直に出していいんですかね？」

「いいがね」

ガガが当然のことのように答える。

「でもさ、昔ばなしのなかではよく、欲のない正直者のおじいさんが最後に得をするって話多いじゃん」

昔ばなし好きの妻、ワカが聞き捨てならんと声をあげる。確かにそういう話は多い。だから僕も欲を出すのは良くないという意識がある。なんとなく。

「**欲というのは成長するうえで必要なこと**だがね」

その通りだと思う。出世欲がなければ上に行こうと一生懸命働く人も減るだろうし、なんてったってお金が欲しいからみんな大変なことも乗り越えて頑張っているのだ。そうやって人は成長する。

「じゃあさ」とワカがガサゴソと絵本を取り出す。

「この『金の斧、銀の斧』の話なんてどうなの？」

ワカが尋ねた。

これは僕もよく知っている有名なお話だ。あるおじいさんが、池に使い古した斧を落としてしまう。池から現れた神様に、「あなたが落としたのはこの金の斧ですか？　それとも銀の斧ですか?」と問われ、正直者のおじいさんは、「どちらでもない」と答えて金と銀の斧をもらう。逆に欲深いおじいさんは金と銀の斧を指さし、それだと答えたために神様の怒りを買い、自分の落とした斧も返してもらえなかったという。

「ふん。どっちのじいさんも我々龍神から見れば微妙に不正解だがね」

言い切るガガ。マジで? そこで龍神流の正しい「金の斧 銀の斧」のお話、始まり始まり〜。


ある川の畔《ほとり》で木こりのワカが木を切り倒しておりました。

「おりゃーーーーー!」

ズドーン!

「どりゃぁーーーー!」

ズシーン!

木が切り倒されるたびに地面が震え、草木が揺れます。

「ふう。森を生かすためには間引きは大事だからね」

ワカ木こりは額に光る汗を拭《ぬぐ》うとつぶやきました。だって間引きされない森は木が弱り、水を蓄え土を保つ力が不足してしまうからです。ついには土砂崩れや洪水など、大きな災害の原因になることもあります。間引きをすることは健全な森を育む大切な役割だということを、この木こりは理解していました。

「よし！　今日はあと一本切って帰ろう」

そう言うと、ワカ木こりは斧を手に取って勢いよく振りかぶります。

「せーーーっの！！！」

するとなんということでしょう。斧がするりと手から抜けて、川にボチャと飛び込んでしまったのです。

「あーーーっ！」

慌てて川辺に走り、

「うわー、やっべえ。これなきゃ仕事になんないのよね、参ったなあ」

困った顔で水面をのぞき込んでいると……。

突然、川がザザザっと騒めきだしたかと思うと、目の前に大きな水の壁が立ったのです。

そしてそこに神々しい1柱の龍神が現れたではありませんか。

「おまえかね、我を起こしたヤツは!?」

龍神ガガ、今日はいつにも増して派手な登場です。彼は頭をさすりながら、

「なにかが飛んできて、ゴツンと我の頭に当たったのだよ。痛かったのだ。我に意地悪をしたのはおまえかね？」

「ご、ご、ごめんなさい」

ワカ木こりは驚いて、ガガを見上げながら謝りました。するとガガは、

「ふん。まあ、いいがね。おやつの時間だからそろそろ起きようと思ってたがね。それよりおまえの落とした斧は、この金の斧かね？　それともこっちの銀の斧かね？」

そう言うと、二つの斧を差し出したのです。突然、差し出された金の斧と銀の斧。それを見ながらワカ木こりは考えました。（今日の金の相場はどうだろう？　不況になると金の価格が上がるのよね。金、欲しい！）と。

「さあ、答えるがね！　おまえの落としたのはどちらの斧だ？」

果たしてワカ木こりの答えは……

「私が落としたのはどちらでもありません。古い鉄の斧です。でも、もらえるなら金の斧と銀の斧も欲しいです」

「ふむ。おまえは正直者だがね。しかも正しい欲があり自分の心にも正直だがね」

そう言うとガガは金と銀の斧をひょいと差し出し、

「ちょうど落とし物の保管期限も切れとった斧だがね。おまえのことを気に入ったから、これどっちもやるがね。喜ぶがね」とプレゼントしてくれました。

「おまえのようなヤツは龍神から好かれるがね。我もこれからおまえの近くにいるがね」

そう言うと、ガガはまた川を気持ち良さそうに漂《ただよ》いながら消えていきました。

龍神も神様も正直者が大好き。でも同時に、成長するための欲も大事な要素。人を陥れようとか傷つけようとか、そういう気持ちでなければどんなに欲を持ってもいいんです。

大丈夫、バチなんか当たりませんから。そして、その欲が人間を成長させるんです。

「ちょっとっ！　鉄の斧は？　あれなきゃ仕事できないんだけど。おーい！」

静かな川辺にワカ木こりの声が響いていましたとさ。


「どうかね？」

ガガが鼻を膨《ふく》らませて得意げに言う。

「欲しいものは欲しいと正直に言う。でも嘘はつかない。それが大事ってことですね」

「そうだがね。しかし、本当は欲しいくせに欲しくないふりをするヤツが多いのだよ。欲しがることが良いことでも悪いことでも、思ってしまったことは仕方がない。ならば正直にそれを表せばよいではないか。道義的な理由でダメならばそのうえで自分を律すればよいがね」

それにだ！　ガガは僕のほうに顔を向けると、さらに強い口調で迫ってくる。僕は思わずあとずさり。見えないけど感じるんです、はい。

「そもそもこの話は日本の神様の話ではないだろう」

え、そうなの？　僕は思わずスマホを取り出す。金の斧、銀の斧……と。スマホの上で指をはじく。

「あ、本当だ。この話ってイソップ寓話《ぐうわ》なんだ」

僕は声をあげた。外国の神様は一神教の完全無欠という考えが多い。すべてお見通しだから、人間にそこまで求めないという概念なのかもしれない。

「日本の神様は正直者が大好きなのだ。それは事実を事実として言葉にするだけではなく、自分の心にも正直になるということなのだよ」

そうやってさらに人間に成長を促す、期待をかける。それが日本の神様であり、日本人もそれに応えて精神性を高めてきたのだ。

「心の中と言動が一致すること。それが本当の正直者というわけですね」

「その通りだ」

そう言ったガガの表情は心なしか満足気だった。

神様は「お金や時間」を他人のために使う人が好き

欲は悪いことではない。心に正直に行動する。言われればわかるけど、僕たち人間はなかなかそこまで思い至らない。だから僕は、教えられたらすぐに実践してみる。

「神様に好かれるコツは、ほかにもありますか？」

我ながら露骨な聞き方。でも、心に正直にしたのだ。欲を出して尋ねてみる。

「神様はだれかを喜ばせる人間が特に好きだと言っただろう？」

人を喜ばせるということは、龍神さんの食糧であるワクワクした魂を増やすことにもつながる。

「時間も金も同じでな、それらを人のために使うヤツは好かれるがね」

そう言うとガガは一転、真剣な眼差しを向けてきた。

「しかし我々は、長いあいだ人間たちの行動を見てきて一つの結果にたどり着いたのだ。神様は人を喜ばせる人を好む。だが、それを勘違いしている輩のなんと多いことか」

クワっと口を開けて迫ってくる龍神様。そ、そんなに興奮しないでください。

「たとえばだね」

ガガが語り始める。

「『私はいつもあなたのことを思っています』『皆さんのために祈っています』、そんなこと言うヤツに限って全然幸せそうには見えんのだ。それはなぜだと思うかね？」

「あ、それ僕も同感です。そういう気持ちをアピールされるとイラっとします」

僕が言下に言った。そういう人、多い気がする。特に最近は。

「さよう。アピールするのは、結局は自分を認めてほしい、つまりは自分のためにしているということにつながるのだ。ベクトルが最初から自分に向いているのだよ」

僕はふむふむとうなずいた。わかるわかる。本当に相手のためにやっているのであれば、そんなアピールは必要ないはずだ。

「あとはボランティアにも勘違いしているヤツが多い」

「なんで？　ボランティアこそ、汗水たらして人のためにしているいいことなんじゃないの？　震災のときも遠くからたくさんの人がボランティアに来てくれてさ、超助かったもん」

ワカが首を傾げて言葉を返す。

僕もワカに賛成だ。あのときは本当に大変だった。多くの人の厚意に深く感謝している。

「なにい！　おまえら我が言っていることが間違っていると言うのかね！」

声を荒げるガガ。いえ、決してそんなつもりでは。この龍神様、理解に至るまでが難しい。

「我が言うのはボランティアそのものが悪いということではないのだ。そんなこともわからんのか！　だいたいおまえたちはだ……クドクドクドクド」

すると突然、救世主が現れた。

「ここは私がご説明いたしましょう」

黒龍だ。

「助かった！　黒龍さん、ガガは相変わらずなに言ってるかわかんないから解説して」

ワカがすがるように言う。黒龍はガガの許可を取るように視線を送ると、大きくうなずいて言った。

「ガガさんは『優先順位を間違えている人が多い』ということを言いたいのです」

「優先順位？」

僕が意味を飲み込めずにいると、黒龍がゆっくりと語り始めた。

「いいですか？　人には最も大切にしなければいけない人がいます。まず育ててくれた親、愛する家族、身近な友達など自分にごく近い存在。つまり最も自分を助けてくれる存在であり、守るべき存在です」

「ガガさんにも親や身近な人ほど大切にするようにと言われました」

「しかし、ボランティア活動をアピールする人には、その最も大切にしなければいけない親や家族などを犠牲にしているケースが多く目立つのです。自分一人がいいことをしている気になっても、家族に寂しい思いをさせてはいけません。それはただの自己満足です」

「家族が同意して送り出したならいいけど、小さな子供に寂しい思いをさせてまで、遠くのだれかに手を差し伸べるのは順番が違うということですね。なるほどー」

「まず自分の親や家族を大切にしましょう。そうすれば、自然と相手がなにを求めているかがわかってきます。身近な人であればあるほど気持ちは伝わってきます」

「まずは自分の足元を固めよってことですね」

「その通りです。身近な人を幸せにできない人が、遠くの人を幸せにできるはずがないでしょう。優先順位とはそういうことを言うのです」

そう言うと黒龍はほほ笑んだ。

僕も気を付けよう。つい、外向けになってしまうけど、まず大切にすべきは一番近くの……僕は視線を横に投げた。そこには愛すべき妻がピーナッツパンをモグモグしていた。

「それ、俺が食べようと思って隠してたんだけど！」

思わず声をあげる。僕はピーナックリームが大好物なのだ。

「だって見つけちゃったんだもん」

あっけらかんと言い放つワカ。

「なに？　我もピーナッツパンを食べてみたいがね」

いや。龍神さんは食べられないでしょ！こんなハチャメチャな日常を守るのがまずは第一なんだな、きっとね。

たった72時間で人生は好転する

結局、コンビニでピーナッツパンを買ってきた。だってどうしても食べたかったんだから買ってくるしかない。最後の一つだったが、ゲットできてよかった。

「タカや。おまえ行動だけはいつも素早くていいがね。神様は行動が早いヤツが好きなのだ。おまえら、72時間の法則って知っておるかね？」

「72時間の法則？　さあ？　人間の生存確率が72時間とは言われてますけど」

皆さんも聞いたことないだろうか。災害被害などの際、72時間を過ぎると生存確率がグッと低下するという話だ。

「さよう。実は72時間という時間には意味があるのだよ。それはおまえら人間が夢を叶えようとするときにも作用するのだ」

ほんとに？　それは興味深い。僕たちはガガの話に聞き耳を立てる。

「まずだね。『夢を叶えよう』と思って動くまでの時間には賞味期限がある」

「賞味期限？」

なんと。それは初耳である。

「さよう。神様は人間が本気でやろうと思ったことは応援するのだ」

「それは心強いです」

「しかし、そいつがなかなか動かなければ、神様も痺《しび》れを切らして飽きてしまう。その時間の限度が72時間なのだ」

「ははあ。神様だっていつまでも待てないってことですね」

なんとなく納得できる話だ。気が早い僕にはすごくわかりやすい。

「**思い立ったらすぐに行動しろって言うけど、その『すぐ』は72時間以内**にってことね」

ワカも理解できるようだ。はい、この人も気が早いんです。

「夢の実現を神様に応援してもらいたければ、72時間以内になんらかの行動に移すがね。逆に72時間以内に行動すれば、きっとなにかの形で結果が出るであろう」

そりゃ神様だって、ああしたいこうしたいと思うだけで動かない人にいつまでも付き合っていられないだろう。

先祖代々の守り神。あの一族が頼る、あの神社へ行ってみました

「おい。横須賀の龍神が会いたがっているがね」

ガガの言葉に背中を押され、その港町を訪れたのは2017年6月下旬のことでした。仙台はまだ肌寒く長袖を選択したものの、横須賀はすっかり夏。

額に汗しながら訪れたのは走水神社《はしりみずじんじゃ》。ご祭神ヤマトタケルとオトタチバナヒメの伝説の地に創建された由緒ある神社です。特に走水沖で海が荒れ、危機に陥った夫ヤマトタケルを救うために、その身を投げたオトタチバナヒメを手厚くお祀りしています。

（な、なんと健気な……、と妻ワカが後ずさりした心境は深く突っ込まずにおきましょう）

その背景からどれだけすごい神社かと想像していたのですが、海辺の集落を進んでいくと、その風景に溶け込むように決して大きいとは言えない社が姿を現しました。

鳥居をくぐり境内を進むと、社への細い石段を一人のおじいさんがホウキで清掃していました。穏やかな眼差しをこちらに向けてくれたので、挨拶を交わします。

小さな社ですが、立派なしめ縄が張られ、両脇には走水神社の文字をあしらった大胆な提灯。赤と黄色に彩られた鈴緒《すずお》が下がり、

歴史を感じるものの日々の手入れが行き届いているのがわかるほど、汚れ一つない美しい拝殿。その前に立つと、いかにこの神社が大切に扱われているかが伝わってきました。

参拝を終えた僕たちが社務所へ向かうと、さっきのおじいさんからお話を聞くことができました。ここでは5日置きの当番制で氏子たちが境内の掃除など管理を怠らず、季節の神事を強く守り続けているとのこと。神社のことを楽し気に話す、朗らかな言葉のひと言ひと言に、境内を歩きながら感じていた走水神社の力強さと静かな情熱の理由がわかった気がしました。

なかに案内されると、そこには小泉純一郎元総理大臣とその父、小泉純也元防衛庁長官の書が飾られていました。「小泉進次郎さんも大臣になったら書をしたためてね、ここに飾るんだよ」とうれしそうに眼を細めていた氏子さんたちがとても印象的でした。小泉一家も氏子として、季節ごとの神事をとても大切にされているんだそうです。良い旅でした。

この地を訪れて僕は改めて日本人の神様に対する真摯な姿勢を見せられた思いがしました。小さい社でも氏子のたくさんの祈りと感謝の気持ちが神様に力を与え、人間たちが平和に暮らせる姿。きっとガガもこれを僕たちに見せようと思ったのだとわかりました。

4時限目

とかくこの世は人間関係。
心が晴れるお悩み解消術

本当の友達の見分け方

「もう人なんて信じない！　裏切られてこんなに苦しいのはもう嫌だ！」
部屋に響く叫び声。飛び散ったグラスの破片に割れた皿が散乱する部屋で顔を腫らしてワンワン泣く妻を、僕は呆然と見つめていることしかできなかった。

事の発端はこうだ。僕たちは本を出版するまで本当に苦労した。選挙に出たり、会社を辞めて政治に関わったり。そして、最後にたどり着いたのが神社や古事記だった。しかし、古事記の勉強会をしても人は集まらず、会場費を回収できればいいほうだった。

それでも助けてくれた人たちがいた。

「大変だね」「手伝うよ」「頑張ってね」

その言葉がうれしかった。ありがたかった。

だから僕たちもそういう人には応えようとした。困っていれば相談に乗ったし、金銭的な援助をしたこともあった。ロクな収入もなくて苦しいときだったけど、お互い様だと思った。だって僕たちも助けてもらっているから。

僕の妻は毒舌だが純粋だ。相手のことに心を砕く。自分が好きになった人の痛みは、自分のことのように感じてしまう性分だ。自分のことを投げ打ってでも、つい助けてしまう。相手の喜ぶこと、なにを望んでいるのか、常にそれを考え行動する。ガガの言った「周りの人を幸せにする魂」の持ち主なのだ。だからワカは龍神にも神様にも好かれる。

でも、だからって……。

「結局、私は裏切られたんだ！　利用されたんだ。友達だから信じてたのに……」

壁に投げつけられてひしゃげた炊飯ジャーの横で、ワカが泣きじゃくる。

「だから我は言ったではないか。本を出したら人間関係が変わるがね。その覚悟はできているのか？とな」

ガガが「わかり切ったことを」という顔で言い放った。

確かにガガは言ったのだ。「人間関係が思ってもみないように変わるがね」と。

だけど僕たちは、きっと「すごいね、すごいね」って人が集まってくるとか、そういう意味だと思っていた。有名アーティストが売れた途端に親戚や友人が増えたというのはよく聞く話だから。

ところが現実はまったくの逆だった。仲が良く苦労時代を助けてくれていた人たちが、スッと離れていった。急に態度がよそよそしくなっていくのに、僕たちも戸惑った。そしてその人たちからは、「おめでとう。よかったね」の言葉は最後まで出なかった。

「おまえら、わかったかね」

暴れ疲れたワカが台所の隅で転がっていると、ガガが再び口を開いた。

「**人間の本音はな、自分が劣勢になったときにハッキリと出る**ものなのだ」

ガガの言葉が心なしかいつもより優しく聞こえる。珍しい。思わず本音。

「おまえ、我は優しくないと言うのかね！」

ガガが僕を振り返り言った。

え？　聞こえた？　僕は取り繕うように、

「いえ。いつもガガさんは優しいですよ。はい」

と無理に笑顔を作る。筋肉で作る笑顔は当然固い。

「いいかね。おまえらは周りに心を配り、相手のことを思って行動してきた。時には金の援助もしたよな。自分たちだって金などないのに」

「だって……。友達が困っているんだから助けたいじゃん」

ワカが真っ赤な目をガガにむけて反論する。

「ふん、半人前のくせに生意気な。ま、人間の本質を見抜くにはまだまだだったということだ。しかしだ」

ガガは少し強い口調で続けた。

「おまえは運が良い。これを機に本当の友人というものを学ぶことになるがね」

そして、ガガの声は聞こえなくなった。気配も消えた。ワカはまだ転がっていた。

「チャラーン♪」

ワカの携帯が鳴る。メールの着信音だ。

「見たら？」

僕のその声でワカがようやく起き上がる。力なく携帯を拾い上げるとメールを確認した。

その瞬間、ワカの目に驚きが宿ったことを僕は見逃さなかった。

「なに？　だれから？」

僕の問いかけに、ワカはある人の名前を口にした。それはとても懐かしい名前だった。

かつては一緒に仕事をした仲間だったが些細なことで言い争いとなり、疎遠になっていた人だった。あれから「ごめん」も言えずに付き合いも途切れていた。

ワカの目がメールをゆっくりと追っていく。そして、おもむろに僕に携帯を差し出すと「はい」とぶっきらぼうに言い放った。

そこにあったのは「本の出版おめでとう」。それに続いて、とても楽しく読んでくれたこと、周りにいっぱい宣伝してくれていること、まるで自分のことのようにうれしかったこと。そして、あのときに言えなかったいろいろなことが書いてあった。

思ってもみなかった人からの温かいメールに、僕はグッときてしまった。すぐに電話をかけた。懐かしい声が耳に響いた。僕たちがすっかり忘れていた人、でも本当はいつも応援してくれていた人がそこにいた。

僕たちは「大変だね」「大丈夫?」「手伝ってあげるよ」、そういう言葉をかけてくれる人ばかりをありがたがって大切にしてきた。でも、もっと大切に思うべき人がいたことにそのとき初めて気が付いた。ガガが現れる。

「どうだね? 実感したかね? 本当の友人とは『相手が自分よりも成功したことを心から喜んでくれる』ヤツを言うのだ」

ガガはそう言うと、諭《さと》すように続けた。

「人は相手が劣勢のときに同情したがるものなのだ。自分のほうが優位にいるわけだから、心のどこかで気持ちがいいのさ。『かわいそうに』『大変だね』、そう言ってちょっと同情してやることが本当の友情のわけないだろう？　薄っぺらい傷の舐め合いだがね」

相変わらず過激な物言いだ。でも、言いたいことはまあわかる。

「自分が劣勢のときでも、相手の成功を喜べる心が本当の友情ってことですか？」

「さよう。人は苦しいときに励ましてくれたり、慰めてくれる人をありがたく思いがちだ」

「僕たちもそうでした」

「それはいい。しかし、『そんなときだけ』同情するのは、本当の愛情とは違うがね。**相手が自分よりも成功することを心から喜べる人間が、本当の愛情の持ち主**なのだよ」

そう言うとガガは顔をワカに近づけ、片方の唇を上げてにやりと笑った。

「身に染みたかね？　これが我の言った『人間関係が変わる』という本当の意味さ。しかし悪いことばかりではないぞ。これからお前たちが必要とする人間関係の舞台が整っていく。もちろん大変なこともあるだろうさ。自分が成長した証だと思って踏ん張るがね」

「類は友を呼ぶ」の本当の意味とは？

「人間関係はその時々で変わるって、前にガガさんおっしゃいましたよね？」

「さよう。人間の言葉で『類は友を呼ぶ』と言うだろう？」

「ええ。つまり似たような人が集まるって意味ですが」

「同じ波長の人間が集まるのだ。引き寄せられると言えばいいかね。だから当然、魂が成長して波長が上がれば波長の高い人間関係が構築される。それまで仲が良かった友人が離れていくのは波長が合わなくなるからさ。ただそれだけのことなのだよ」

「でも、好きな友達とはずっと仲良くしたいじゃん？」

ワカが反発する。理屈はわかってもそう簡単に納得できない。それが人間というものだ。

「理想はお互いがお互いを高め合って切磋琢磨することだろう。共に波長が高くなっていけばいいのだよ」

なかなか難しいとは思うけど。

「もし新たに出会う人がいままでと変わってきたり、これまで一緒にいた人と疎遠になったりしたら、自分の波長が変わってきた可能性が高い」

ガガはそういうと一呼吸おいて続けた。

「**この世は波長の同じ者同士が引かれ合う。**そう決まっているのだ。我々龍神は、その引かれ合う人間のなかでもそのときに最も必要とする者同士を引き合わせる手伝いをしている。誘導してやるのだな。するとあとは勝手に引き付け合う」

そういえば思い返してみると僕にも覚えがある。エンジニア時代、突然大きなプロジェクトに参加したときだ。先輩たちのレベルの高さに食らいつくのに必死だった。だけどいつしかそのなかでなんとかやれている自分が快適になって、元の仕事には戻れなくなった。あれは自分のレベルが上がったということか。

「周りのレベルが上がるときっていうのは、自分も成長しているサインなんだ」

僕はうなずきながらつぶやいた。そして思う。いまも必死だ、と。

「おまえたち、まあ、これから大変だがね」

ガガが不敵に笑う。ちょっと怖い気もするけど、楽しみのほうが大きい。どんなすごい人たちと出会えるんだろう。そう思うと身が引き締まる思いがする。覚悟は大切だ。

龍神はその場面にふさわしい人間を派遣してくれる

「あのさ」とワカが口を開く。

「龍神はその時々にふさわしい人間を選んで出会わせてくれるわけよね」

「文句がありそうだな？」

ガガの気配が気のせいか荒い。空気が張り詰めている。

「じゃあ、私を裏切ったヤツらも龍神が連れてきたってわけ？　わざわざ？」

ワカの言い方はまるで鋭い刃物みたいだった。一色触発のムード。

「おまえ、自分がなにを言ってるかわかってるんだろうな？　我を舐めるなよ」

「自分が守ってる人間を傷つけるヤツらをご丁寧に派遣するのかって聞いてんのよ！　答えなさいよ！」

妻も一歩も引かない。一瞬の静寂のあと……果たして、偉大な龍神は答えた。

「そこまで言うなら逆に問おう。おまえ、そいつらに一度も世話にならなかったかね？

助けられたこともあったのではないか？　おまえのほうこそちゃんと答えるがね！」

ガガの厳しい問いかけにワカは無言でうつむいた。そして、悔しそうにうなずく。

「出会ったときはお互いが必要だった。だが、いつしかおまえが成長して波長は自然と合わなくなった。そして、いまはもう必要ない。それだけなのだ。もちろんその逆もある」

「自分が怠けて波長を下げれば、同じように周りの人と波長が合わずに自分が落ちてしまうということですね」

そう僕は聞いてみた。自然と背筋が伸びる。

「その通りだ。龍神たちは自分が守る人間が困っているとき、それを助けてくれる人間を派遣する。派遣される人間のレベルは守る人間のレベルに応じて決まってくるのだよ」

「波長の高い人にはレベルの高い人間が派遣され、低い人にはそれなりの……」

「その昔はな、人間ではなく神様を直接お連れしたりもしたのだ」

へえ！　僕は目を大きく見開いてガガがいるであろう宙を見上げた。それは興味深い。

「昔ばなしで聞いたことあるだろう？　じいさんが困っていると目の前に神社があったとか、お地蔵さんがいたとか」

「うん、あるよね。昔ばなしって理にかなってると思う、私」

黙っていたワカが話に入ってきた。

我が家の本棚には日本昔ばなしの絵本がある。ワカが子供のころのものだからボロボロだ。だけど、寂しくなったときなんかにいまでも時々開いているみたいだ。

たとえば有名な『かさじぞう』。これは貧しい、でも優しい老夫婦がたまたま出会ったお地蔵様に親切にしたことで、お地蔵様から幸せをもらうという物語だけど、昔ばなしではこういうパターンが結構ある。観音様と出会った、小さな社があった、お寺でほにゃら、などなど……。

ガガによれば実は、これは神様がその人を助けるために派遣してくれてるんだそうだ。

「昔は道を歩けばたくさんの神仏に出会う機会があったのだ」

「日本は神社仏閣だけでなく、お地蔵さんもたくさん目にしますもんね」

皆さんも経験ありませんか？　町の隅の小さな祠《ほこら》や、こんなところにというお地蔵様やお社を見つけたこと。でも、

「最近は車や電車の移動が増えて、そういうお地蔵さんに気付く機会は減ったかもしれないですね」

僕は顔を上げて言った。

「そうなのだ。昔は直接、神様が助けてあげられるように仕向けることができた。しかし、時代の流れでそんな機会を作るのが難しくなった。そこで神様や我々龍神は考えた」

ガガの表情がキリリと変わった（気がした）。

「ならば！　神様の代わりになる人間を派遣しようではないか。人間を助けるためには同じ人間が一番だがね。だって、同じ社会で生活しているわけだからな！」

「どうだ、よく思いついただろう！」と言わんばかりの空気を感じる。これは多分、褒めろということに違いない。

「さすがガガさん、よく思いつきましたね。いよっ、大統領！」

「ふん。まあ我が思いついたわけではないがね。龍神は優秀で頭がいいのだよ」

照れくさそうに威張っている（笑）。相変わらずおだてに弱い龍神様だ。僕は笑いをこらえるのに苦労する。

「龍神の『人間へのアプローチの仕方』も、時代によって変わっているってことですね」

「当然さ。世は常に動いている。人も時代でお互いの関わり方が変わるだろ。人間の手助けをする我々だって、いつまでも同じ方法のままではうまくいかんがね」

神様の代わりに人間を派遣か。ということはいま、僕の周りにいてくれる人はみんな神様ってことなのか。そう思うと周りの人への感謝の気持ちが一層湧いてくる気がした。

「嫌われたくない」と言う人ほど嫌われるワケ

「ここで学びを授けよう。おまえらの言う『離れていったヤツ』の共通点を教えてやるがね」

まだ少し落ち込んだ様子のワカを横目にガガが続けた。

「共通点？　そんなものあるんですか？」

僕はいぶかしげに聞く。

「それがあるのだよ。しかもそのなかには龍神に嫌われる大きな要因が潜んでいる」

マジで？　知りたい。龍神に嫌われたら困る！　傾向と対策は熟知しておきたい。

「そういうヤツは最初、『嫌われたくない』と思い始めるのだ。仲のいい相手が出世したり目立つようになると、勝手に劣等感を持って嫌われないための行動を取り始める」

「嫌われないための行動？　でも、相手を不快にさせないように努力するのはいいことなような気がしますが？」

意外な言葉に僕は首を傾げて聞き返した。

「相手を不快にさせない行動なら問題ない。我が言っているのは『自分を取り繕おうとする行動』のことだがね」

「よいかね」とガガは続けた。

「取り繕うという行動は自分をよく見せようということだ。相手のことより自分を優先的に考えている。するとそこに必ず、『嘘』や『言い訳』が生まれるがね」

嘘や言い訳？　ははあ、なんとなくわかってきたぞ。

「そいつらが待ち合わせに遅れたとき、なんと言ってごまかしたか覚えているかね？」

確か……。僕は過去を思い返しながら言った。

「渋滞していたとか、道路が工事中だったとか。あとは目覚まし時計が鳴らなかったとか、だいたいそんなこと言ってましたね」

「しかしだ、考えてもみたまえ。責任ある人間なら、少し早めに出るとか混まない道を選ぶとか、方法はいくらでもある。それに目覚まし時計は論外だ」

でも、こういう恥ずかしい言い訳する人、意外に少なくないんですよ。

「遅れた理由を説明するのはもちろん構わんのだよ。しかし、それなら先に『遅れてごめん』と言うべきだろう？　それをせずに言い訳から入る。それは相手のことを考えての行動ではない。いかに自分を守るかという、ただの保身に過ぎないがね」

保身か。それで納得がいった。確かにミスをしたとき、知らず知らずに言い訳しているかもしれない。

「取り繕うヤツはだれに対してもそんな行動を取るようになる。その場その場でうまい言い訳を考える。八方美人になると、必ずどこかで矛盾が生じてくるがね。だからやがてつじつまを合わせるために『嘘』をつくようになっていくのだ」

「嘘は龍神や神様が最も嫌うことですよね。僕もますます気を付けよう」

「そうなると結果的に自分の心と言動が一致しなくなるがね。裏腹な行動は神様にも嫌われる。心と言動が違っていれば、神様もなにを望んでいるかわからず混乱してしまう」

「八方美人はだれからも好かれないってことね」

「良くない嘘というのは必ずバレるものなのだ。どんなにうまく隠そうとしてもな。特にいまはそういう時代に入ってきている」

嘘が暴かれる時代……。黒龍も言っていたことだ。偽りが壊れ、新しいことが始まる。

「**新しい時代が始まるとき、必要になるのは真っ当な人間だ。裏を返せば真っ当に正直に生きていくだけでうまくいく。それがこれからの時代のミソ**だがね」

ガガがニヤリと笑った。

「そういうことならまあ仕方ないか。自分のことしか考えない人は私も嫌いだし」

吹っ切れたようにワカが言った。この人は踏ん切りが早い。そりゃ、割り切れないこともあるんだろうけど。でも、それで僕はいつも助けられる。

「ところでガガさん」

僕は気になることを聞いてみた。

「『嫌われたくない』という気持ちの人が嫌われる理由はわかりましたが、好かれたい人はどうすればいいんですかね？」

それが一番聞きたいポイントである。

「まず言い訳をやめることさ。言い訳をやめれば人に好かれる。最初から言い訳する状況を作らないことも大切だがな」

そして、ガガはさらに力を込めた声で続けた。

「好かれたいのであれば、自分が好きだと思う行動を取るがね。『こういう人は好きだ』と思ったら、自分も同じように振舞ってみる。最初はまねでいいのだ。だんだん他人の反応を気にすることがなくなり、いつしかなりたい理想の自分になれるがね。人に好かれて格好もいい。おまけに龍神にほれられる。悪くないだろう？」

　僕は昔読んだ本を思い出していた。「学ぶ」の語源は「まねる」から来ているそうだ。良い行動をまねてみるのは、カッコいい自分になるためにすぐにできる第一歩かもしれない。よし、僕も見習おう。

龍神は不倫が大嫌い

「さっきチラッと出ましたが、不倫って道理的にもダメってことですよね？　前にも『決断してないということだ』っておっしゃってましたし」

　このあいだガガが不倫映画の予告を観て、いきどおっていたのを思い出す。

「やや？　タカや、おまえ不倫したいのかね？」

ガガが好奇心むき出しで聞いてきた。

「やめてくださいよ。するなら黙ってなきゃならないんでしょ？　仮に僕が黙っていても、相手がバラしちゃったりしたら高確率のリスクを負うわけですよ。そんな不毛で不利益なことしたくありません。もっと面白いこと考えさせてください」

「……。相変わらず合理主義で面白くないヤツだがね」

「悪かったですね」

「まあ、不倫ってのは結局中途半端なのだよ。最初の結婚相手が合わなかった。あとから本当の相手が現れた。生きていればそんなこともあるがね。だが、その先は自分で決めねばならん。新たな相手と生きるのなら、いまの相手のこと、そして子供のことも自分でケジメをつける必要がある。それをせず中途半端にごまかすからイザコザが起きるわけさ。家族を傷つけてまですることなのかね？」

うーん。なんも言えねえ。至極ごもっとも。

「それにな、そういうヤツは結局、隠し事が多い。自分の欲望だけ満たしたくて、周りのことなどお構いなしだ。バレればだれかのせいにする。ああ、やだやだ」

「隠し事が多い人ってマジ信用できないのよね。バレるっつーのに」

ワカ節も炸裂。

「生活に嘘が多くなれば、もはや自分の本音がどこにあるのかわからなくなっていく。自分で自分がわからなければ、当然神様だってわからんがね」

前に教えられた「祈り」にも通じてくる話だ。祈りとは自分の意思を周りに伝えること。言葉でも行動でもどんな形でも自分の意思を周りに伝えられる。でも嘘だらけの人は、相手に自分の意思が伝わらない。だって心と行動が乖離《かいり》しているから。

「恋だけで済めばいいのにね。お酒が効く前のほろ酔いが、一番気持ちいいのよ」

ワカが言った。うん、名言だと思う。

「〇〇しなければならない」という思い込みはすべてをダメにする

「ちなみにですが、先ほど嫌われたくないと思うと嘘や言い訳が増えると聞きましたが、やっぱり『〇〇しないように』とか、『〇〇してはいけない』という気持ちはダメなんでしょうか？」

日本の場合、学校では「校則」に縛られ、社会人になれば「社則」がある。そこにある決まり事は、「廊下を走ってはいけません」「髪を伸ばしちゃいけません」などの禁止事項がほとんどだ。子供のころから禁止事項や、しなければいけない義務に縛られるのに慣れているせいか、自分で自分を縛ってしまう傾向があるような気がする。

神様にお願いするにはどうすればいいですか？　禁止事項はありますか？　僕たちのもとに、そういう質問が多いのはそのためだろう。

「神様は別にこれをしろ、あれをしろとかは言わんよ。自由なのだ」

ガガがさも当然と言い放つ。確かに日本の神道には教義はない。

「『しなければならない』『してはいけない』。**そんなことばかり考えていては心が縮こまってしまうがね。それは龍神だって望まない**のだ」

同感だ。龍神と仲良くなるのに「窓開けて空気を入れ替えましょう」という話をした。すると「窓を開けなければ龍神と仲良くなれない」と考えてしまい、窓を開けるのを忘れただけで、「窓を開けなかった。どうしよう、龍神に嫌われた」と苦しみだした人がいた。

真剣に考えてくれるのはいいのだが、それだとみんなつらくなる。

「しかし困ったがね。日本人は真面目だからな」

ガガは悩まし気に言うと、言葉をつないだ。

「そういう人はな、『〇〇するとより良い』くらいに考えればいいのだ。『〇〇するにこしたことはない』くらいアバウトでもいいかもしれんな」

「なーるほど。いまのままでもちゃんとできているっていう安心感を持って、より良い方向に意識を向けるわけね。それならできそう！」

ワカ、だんだん復活。夜明けは近い。しかし、アバウトって……。ガガになにか変化が訪れているのだろうか？　そう思いながらも僕も思わず手を打つ。

「確かに窓を開けなかったという過去を後悔するばかりでは前に進めませんね。反省したら前を向く。そしていまよりも良くなればいい。そういう意識を持てばいいのか」

「みんなコイツみたいに、自分のいいように解釈するくらいがちょうどいいがね」

「は？　なによコイツみたいにって。私だって真面目に考えてんだから！」

ワカがガガをにらみながら不満げに言い返す。

でもガガの言うこともわかる気がする。あるとき雑誌に、「今日のラッキーアクションは部屋の窓を大きく開けて空気を入れ替える」とあった。でもその日、僕たちがいた部屋は窓が小さ過ぎてその通りにはできなかった。そのときワカが取った行動は、「ドアを大きく開けてうちわであおぐ」だった！

「だって空気が動けばいいわけでしょ？　それならうちわであおげばいいじゃんか。ドアも窓も似たようなもん！　開ければ部屋の外の空気とは入れ替わる」

そう言って、汗だくになってうちわを振り回すと、（なぜそこにうちわがあったかのほうが不思議だ）満足気に「よっしゃ！」とひと言。その顔は爽快感に溢れていた。

またあるときは、「車で山へのドライブがラッキー」と聞き、「チャリンコだって車の仲間！」と自転車をこいで近くの山へ一人果敢に出かけて行った……。

発想は自由だ。「こうでなくてはいけない」という縛られた考えだけでは、こんな発想は出てこないだろう。できない、ではなくどうすればできるのか？　工夫をする前向きな気持ちで取り組めばいいのだ。しなければいけないとか、してはいけないとか、そんなことを気にしていては行動範囲は狭まるばかりだ。

「我々龍神は季節の風に乗って飛び、水にたゆらい優雅に泳ぐ。そう、自由な存在だ。そんな我々は自由な魂が大好きなのだ。別に窓を開けるのを忘れてもいいではないか、気付いてから開ければよいのだ。掃除するのを忘れていたら、いまからすればいい。そうやって行動すれば必ず、いまよりも良い方向に向かう。後悔したままなにもしないのが一番ダメなのだ」

「○○しなければいけない」から「○○すればより良い」に。そういう気持ちで行動する。真面目な人ほどそのくらいの余裕が必要なんだな。人一倍真面目な僕は、この辺をもっと臨機応変に考えなければという気持ちである（結構、いやかなり本気だ）。

飲みにケーションをばかにするな

「人との関わり方で、運気が上がったり下がったりするんですか？」

「当然だろう？　人生の酸いも甘いも、人間の付き合いで決まるのだ」

ガガがぴしゃりと言い切った。

「特に仕事運だ。コミュニケーションがうまい人間は、これから運がぐんぐん上がるから、楽しみにしたまえ」

ぐんぐん？　これは聞き逃せない。

「人付き合いが苦手でも、まずは接して話してみる。酒を飲みに行ってみる。そうしたことで仕事運は特に上がるのだよ」

「信じられないな、それだけでどうしてですか？」

しつこいようだが、僕は理論立てて知りたい男なのだ。するとそこへヒューンと彼が飛んできた。

「それについては私がお話ししましょう」

頼れる助手の黒龍だ。

「ガガさんは細かい説明が苦手ですから、代わって私が解説します」

相変わらず丁寧な言葉遣い。さすが僕とコンビを組む龍神様だ。こうも上品だと、ちょっとうれしい。

「昔、人間界で『飲みにケーション』という言葉が流行《はや》ったことを覚えていますか？」

「は、はい」

かつて会社などの仲間とお酒を飲みながら親睦を深める時代があった。

「いまは自分の仕事さえこなせればそれでいいという人が増えています」

確かにそれは実感する。かくいう僕も、あまり付き合いがいいほうではなかったが。

「このような人間関係の状態は、ウェブ（蜘蛛の巣）になっていないのです。気持ちでつながるネットワークがない。残念ながら、それがいまの社会の現状です」

　僕が会社にいた時代、同僚からちょっとしたことまでメールで連絡が来たことを思い出した。二つ隣の席にいるのに……。

「この状態では個々としては成り立つものの、決して大きく発展しません。給料を上げたいと思えば、どうやったって人と付き合うしかないのです。厳しいことを言いますが、**人とちゃんと付き合わないから給料も上がらない**のです」

「確かにどんな仕事でも人との関わりは必要ですもんねえ」

　僕は技術者だったから顧客との接触はなかった。それでも製造の人に設備を借りたり、資材調達、メーカーとのやり取りなど、人と関わらなければ仕事は進まなかった。コミュニケーションは生きるうえでの潤滑油だ。そこから生まれる人脈は仕事を円滑にする。

「ですから飲みにケーションや、人との会話を積極的に行おうとする人は必ず成功します。これは断言してもいいです」

僕たちが理解するのを確認して黒龍が続けた。

「なんか黒龍さんに言われると妙に納得するわね」

ワカがポツリとつぶやく。

「なんだと？　我の言葉では納得できんとでも言うのかね？」というガガの声が聞こえたような……。

「特にこれから2年ほどは、仕事上の付き合いを大事にするといいでしょう。職場や仲間の飲み会や宴会があったらまず参加をお勧めします。きっと道が開けてくるでしょう」

黒龍はそう言うと、ゆっくりと僕たちの顔を見渡した。一つ一つ確認しながら話を続けてくれる。なんだろう？　ガガにはない心遣いを感じてしまう。

「タカや。なにか言ったかね？」

「あ、いえ。なにも」

意外に鋭い。

「そして、これにはもう一ついいことがあります。時間を他人のために使うことでしか得られない神様からの恩恵を受けられます」

「え？　神様がご褒美をくださるんですか？」

これは聞き捨てならない。

「そうです。時間は言わばその人の命です。それを他人のために使おうとする人を龍神も神様も好みます。逆に、なんでも自分のためにしか使いたくないという人は嫌われます。タカさんはいかがですか？」

「自分を大事にする気持ちはありますが、それだけではなんか嫌な感じですね」

「ですから会社だけでなく地域の会合とか寄合いとか、直接利益にならないことに時間を割いて他人のために働くのは、本来とてもいいことなのです」

「じゃあタカは悪いヤツだわ、利益にならないこと嫌いだもん」

ワカが人聞きの悪いことを言いだす。コラコラっ！　僕だっていまは改心したのだ！まったくもう。

「あなたがだれかと触れ合うことで、そのだれかが救われることもあるということです」

仕事運とか金運とか、すべてのことは付き合いなくして成功はない。人は一人では生きていけないのだから。いま着ている服も、文字を打ち込んでいるパソコンも、すべてだれかが作ってくれたもの。知らず知らずのうちにみんなだれかに助けられているのだ。その根本にあるのは人付き合い。

「まずは苦手でも人と話してみることです。そうすればだれでも運気は上がりますよ、必ず」

そう言うと黒龍はすぅっと飛んで行った。去り際も見事だ。

「気が散る」の本当の意味とは？

「でも初めての人と会うときって、ドキドキするけど楽しみでもあるよね。そういう人との付き合いって、私は楽しいと思うんだけどなあ」

ワカがうれしそうに話す。

「人間が皆そう思ってくれればうれしいのだがね。それだけウマい魂が増えるからな」

ガガはそう言って続けた。

「それにだね、職場での人間関係が良くなるともう一ついいことがある」

「へえ。どんなことよ？」

「『気』が良くなるがね。会社ではみんな同じ目的を向いて仕事をしているだろ。会社の業績を上げるというな」

「確かにその通りです。会社の業績が落ちれば自分の給料も下がるし」

切実な問題だ。

「本来、仕事の場所は気が同じ方向を向いているのだよ。同じ目的に向かって行動する仲間との連携が強くなれば、よりその気の流れは良くなる」

「仕事も順調に流れるということですか？」

「さよう。逆に連携が悪いと気の方向はバラバラになる。言うだろ『気が散る』って」

「言う言う！　そういう意味だったのね、気が散るって！」

ワカ、激しく同意。

「気が散っている会社は業績が上がらん。当然だろ、みんなの気の向きがバラバラなのだから。だからしっかりしているところは『経営理念』『社訓』というものが社員一人一人にまで根付いている。社員が社長や創業者の意思を受け継いでいるのだ。目的がわかっているから気も同じ方向に向かう。当然、業績も上向く」

ソニーを起こした井深大《いぶかまさる》氏。彼が終戦直後に書いた設立趣意書には、「国民生活に応用価値を有する優秀なるものの迅速なる製品、商品化」とある。その意思はソニーグループ行動規範に盛り込まれ、長いあいだ受け継がれてきた。常に国民のため、国民が喜ぶものを生み出したいという意思で社員の意思が統一され、気の流れが良くなった。だから戦後大きく発展したのだろう。

「コミュニケーションが取れて、気の流れがいい場所。そういう空間が自分を発展させてくれるわけね〜、なるほど♪」

ワカが鼻息荒くメモを取る。どこまでも貪欲な妻。さっきまであんなに落ち込んでいたのに（笑）……さすがだ。

雪だるま式運気上昇法

言葉には人を動かす大きな力があると思う。たとえばこれ。

「いつやるの？　いまでしょ！」（by林先生）

その『いま』がしっかりわかるようになればなあと思うのは僕だけだろうか。しかし、そのいまが的確にわかる人間が、この世にはちゃんと存在するのである。僕はすっかり元気になった妻を横目に言った。

「ワカってやっぱり運が強いんですよ。それって人付き合いをちゃんとしてるからなんですかね？」

いままでの話をまとめるとこんな感じになるだろうか。

「さよう。人との付き合いがうまいヤツは、見えないサインに敏感になるのだ。なんせ感情の機微が鍛えられるからな。するとだね」

ガガはゆっくり息を吸い込んだ。

「時を見る目がつくのだ。人間は『兆し《きざ》』を見るとも言うがね」

「兆し？　予兆みたいなものですか？」

なんか本格的になってきた。メモを取りながら、僕は聞き返す。

「兆しというのは直接目に映らぬものだ。しかし兆しを見ることができれば、実際に物事が動きだす前にそれを知ることができる。たとえば……」

そう言うとワカのほうに顔を向けた。

「おまえ、昨日『雨が降りそう』と言っていたな」

「言ったけど？　だって本当に降ったでしょ」

なにを当然のことを、という口調のワカ。

「なぜわかった？　太陽が出て晴れていたにもかかわらずだ」

「一瞬空気が湿っぽくなった気がしたのよ。ただそれだけ」

マジかよ。僕なんてまったく気付かない。これが五感をフルに使えるということか？

「それが『兆し』だ。まだ雨は降っておらん。別に気象配置図を見たわけでもない。こいつは空気中の微妙な変化を感じ取って『雨が降る兆し』に気付いたのだ」

「目に見えない時点で次に起きることを予測できるようになるってことですね？」

僕の問いかけに、ガガは「そうだ」という表情で答える。もちろん見えないけど。

「春が来たのを多くの人間は暖かくなって初めて感じる。しかし、まだ雪降る寒いころでも、太陽が昇るのが早いことに気付けば『春に向かっている』『これから暖かくなる』ことに気付くことができる。これが兆しを見る、だ」

「じゃあ、目に見えない兆しを見る力をつけることができたら……」

僕は言葉を切った。口を結ぶ。ここが重要なポイントな気がした。

「さよう。まだ起きていない時点で、的確に次の行動を起こせるようになる」

ガガがニヤリと笑った。

「そう、我々は長いあいだ見てきたのだ。**成功する人間たちはみんな、この兆しを見る目が実に優れていた。**だから時代が動く前にそれを予測し、行動を起こしてきたのだ」

うおお！　すごい！　僕は興奮して、目を見開きガガを見上げた。

「おい！　我はこっちだがね！」

ワカが自分の頭上を指さしながらガガの声を仲介する。あら、どうやら僕の見上げた先にはいなかったらしい……。まだまだ僕は未熟なようで。

「時代には流れがあるのだ。繁栄・衰退・低迷、そして回復。そういう流れを察知して、いつ行動すべきかを読む力を養う。その第一歩が人との付き合い、しつこいようだがコミュニケーションなのだ」

「人間同士のコミュニケーションも取れない人が、見えないメッセージに気付けるわけがないということですね」

「せっかく人間でいられるのだから、人間を楽しみたまえ。そしてその流れを読むことができれば、自分がいつ動けばいいかわかる。逆に動いてはいけないときもな」

「なにかを始めようとするにも時期が大事、と」

「そうだ。種は春にまくから実がなるのだ。焦って冬に種をまいても、土は凍って雪が積もり実はならん。それと一緒さ。季節は暦を見れば済むが、時代のなかでいつ春が来るかを見極めるのは『兆し』を見て読むしかないのだ」

「兆しがわかれば、龍神様たちともっと親密になれますかね？」

期待が膨らむ。

「もちろんだがね。正確には、**周りの空気の変化を感じる力を身につけたヤツは龍神からのメッセージにも気付きやすくなる**ということだ。だれかに気付いてもらえれば龍神もうれしいから当然寄ってくる。そして龍神とコンビを組めば、より小さな兆しまで龍神が教えてくれるのだ。雪だるま式に運気は上がっていくがね」

「雪だるま式幸運利息（笑）。めっちゃ魅力的だわ。見る目もっと鍛えよっと♪」

ワカがカラカラと言った。

よし、僕だって。千里の道も一歩から。ローマは一日にして成らず。何事も最初の一歩を踏み出すことが大きな力につながっていく。まいた種は大きく収穫したい。せっかくこの世に生きてるんだ。僕は僕を思いっ切り楽しみたいのだ！

神様は人間同士のもめ事には手出ししない

平成29年12月、東京の富岡八幡宮で宮司が弟でもある元宮司に殺されるという衝撃的な事件が起きました。現場が神社だったこともあり、「神様なんかいないんじゃないか？」「神様に仕える宮司が殺されるのを止めないなんて」という疑問を持った方も多いと思います。

結論から言うと、神様はこのような人間同士のもめ事に手は出しません。これは人間の問題だからです。

神様はあくまでも人間の祈りに応えて人間を助けてくれる存在。それを踏まえたうえで、神社とはどのような場所かを考えてみましょう。

「どうか神様おいでください。そして人間をお守りください」

という気持ちで「神様にいていただく場所」として造られたのが神社です。そして宮司が人間とのつなぎ役として神様に日々祈りを捧げる。そういう場所です。

ところがその人間が私利私欲に走り、神様のことをないがしろにするようなことが長く続けば、「自分は必要とされてないんだな」と感じ、力を失ったり、どこかに隠れてしまうこともあると言います。これは神様にとっても悲しいことです。

COLUMN.3

祈りが失われれば比例して神様も力を失います。宮司とはいえ人間、誘惑に負けてしまうこともあるでしょう。しかし、そうなると神様の力も削がれてしまうのは仕方がありません。だって人間がそうしてしまったのですから。

これだけだとなんだか悲しくなっちゃいますが、安心してください。逆のパターンもあります。全国に約4000社ある菅原道真を祀る天神信仰（天満宮や天神社、北野神社など）です。いまでは学問の神様として広く信仰されている神様ですが、書道の神様としても有名です。

ところが驚くべきことに、菅原道真自身の書いた書は残っておらず、字がうまかったという記録すらもありません。それなのに、「学問の神様なんだから書だって堪能だったはず」というイメージだけで江戸時代に全国の寺子屋で書道の神様・手習いの神様として祀られ、子供たちや親から強い祈りを一心に受けたのです。

その結果、人間の祈りの力によって菅原道真は書道の神様としての御神徳を得て、いまなおトップに君臨しています。

神様は人間の力で新たな御神徳を得ることもできるし、力を失うこともあるということです。

富岡八幡宮の神様もまた人間の祈りによって力を回復され、人間たちの力になってくれることを祈ります。

5時限目

日本の神様ルールを守れば、ご利益だって自由自在

神社は人間と神様を結ぶ最強のインフラ

ここまで龍神や世の中の法則について話を進めてきました。ところで、この日本の龍神にとって欠かせないのが神社という存在です。神社は言わば、龍神の上司である神様がお住まいになっている場所。ですから龍神に神様へ願い事をスムーズに届けてもらうためには、日本の神様のルールを知っておく必要があります。そこで5時限目の授業は、日本の神様と神社のルールについてガガに聞いてみたいと思います。

日本では昔から神様と人間の関係をよく熟知したうえで、神社を建て祀ってきました。皆さん、「御成敗式目《ごせいばいしきもく》」って聞いたことあるでしょう。これはいまから８００年ほど前の鎌倉時代に作られた基本法、いわば国の法律です。その第1条にはなんと神社について書かれており、そのなかに次のような一文があります。

「**神は人の敬によりて威を増し、人は神の徳によりて運を添ふ**」

どうでしょう？　まさに僕たちがガガに教えてもらったことそのままです。神様は人間の祈りによって強くなり、その見返りに神様は人間に運を授けてくれる。第1条ではこれに基づき、『神社を修復し、お祭りを絶やさないようにしなさい』と書かれています。

つまり、人間と神様の関係を熟知していた古の日本人が作った神社のルールを知ることで、龍神や神様とのコミュニケーションも一層深まるというわけです。

「というわけで、ガガさん。引き続きよろしくお願いします」

「うむ。任せたまえ」

なんだかんだ言いつつ気分は悪くないらしい。頼られているのがうれしいのだろうか。

人間も神様もそれは一緒なのかもしれない。

「かつての日本人は神様と人間、そして我々、使いの眷属のことも熟知していた」

「すごい感性ですよね」

僕は感心してうなずく。

「そして全国に約8万社ある神社を通じ、すべての人間を網羅し日本人を守っている。人間は感謝の気持ちを捧げ、神様を喜ばせ運をもらう。そうやってお互いがお互いを支え、共存してきた。その場所こそが日本の神社なのだ」

龍神が運ぶのは願いの小包

「前に同じ眷属でも獅子・狛犬などはその神社専属だけど、龍神は自由自在に連絡係として飛び回っていると聞きました」

「さよう。我々龍神は、神様と神様、神様と人間、そして時には神社の眷属同士の連携も担う存在だ」

そう言うとガガは誇らしげに胸を張った。その威厳が伝わってくるようだ。

「具体的にその内容を教えてもらえますか？」

神様と人間とのあいだでどんな連絡を取り合っているのだろうか？　興味は募る。

「我々龍神は神様の使い、いわば部下だがね。だから人間が神社などで願い事をすると、それを神様まで届けるのが一つの役目だ」

「ええ？　じゃあ龍神が付いていない人は神社で願っても神様には届かないの？」

ワカが眉間に皺を寄せて尋ねる。それではせっかく神社に行ったのにあんまりだ。

「もちろん届くさ。ただ龍神がいればより優先的に届けてもらえると思えばいいがね」

なるほど、優先権を得るようなものかな。

「だが」とガガは続ける。

「日本にはたくさんの神様がいて、そしてその性格も得意分野もさまざまだ。まったく畑違いの神様に会いに行ったとするがね。しかし、畑違いだから願いを叶えてやることは難しい」

縁結びの神様に交通安全の神様、家内安全の神様に安産の神様まで……。まさにあまたの神様パラダイスである。

「確かに交通安全が得意な神様に、縁結びを願っても困っちゃうかもしれませんね。『わしゃ、縁結びは苦手だよー』って」

「そういうときこそ我々龍神の出番なのだよ。神様は人間の『願いの小包』を我々にポンと託すのだ。よりその願い事にふさわしい神様のところに届けるように、とな」

「へえ！　じゃあ、龍神は願いの小包の運び屋だ。面白い」

ワカが声をあげた。

「さよう。だから我々龍神と仲良くなれば、ほかの神様との連携がスムーズになる。コンビを組んでいる人間の願いであれば、率先して我々は動く。人間が喜べば自分の食糧にもなるから喜んで働きたいのだよ」

だから龍神は神社に縛られずに自由自在に動けるわけだ。僕たち人間の願いを乗せて。

縁結びの誤解

「じゃあ結婚したがっている私の友達の願いは、きっと出雲大社のオオクニヌシさんに届けるのよね？　だって恋愛の縁結びの神様として有名だもんね」

ワカがつぶやいた。すると、

「くわーっ！　おまえ、わかっておらんがね。そもそも縁結びの意味を履き違えてるヤツが多過ぎる！」

ガガがあきれたように声をあげる。

「履き違えてる？　縁結びを？　そりゃまたどういう」

僕は意味が呑み込めずに聞き返す。出雲大社の神様、オオクニヌシは縁結びの神様として有名だ。日本中から縁結びを願う多くの人で賑わっている。

「そもそもだね。縁は男と女の仲だけの話ではないだろう！」

ん？　よく考えれば確かに。日本人が「縁結びとは？」と聞かれて思い浮かぶのは、恋人が欲しいとか結婚したいとか、そういう異性関係が断トツで多いような気がする。

「袖すり合うも多生の縁と言うではないか。縁にもさまざまな種類があるのだよ」

「仕事の縁とか友達の縁とか、そういうことですか？」

「さよう。考えてもみたまえ、人間はさまざまな願いを持っておるが、叶えるためには必ずなにかしらの縁が必要ではないかね？」

確かに好きな仕事につきたければ、望む会社との縁が必要だ。収入を上げたければ、大きな仕事との縁が必要。病気を治したければ、良いお医者さんとの縁。人間の願いの大半を叶えるには、必ずなにかしらの縁が必要になる。

「だから縁結びを得意とするオオクニヌシは国つ神（地上世界の神様）のトップにおるのだよ。どんな願いも縁結びが必要だ。ならば必ずオオクニヌシの力を借りることになるのだからな」

なーるほど。僕の脳裏を持ち前のセコイ考えがよぎった……。じゃあまず、オオクニヌシの祀られている神社にお参りに行って気に入られるのが一番手っ取り早いじゃないか。相変わらず「小せえなあ、オレ」とは思うが、仕事だから仕方がない（言い訳）。

「よし。早速、出雲大社へご挨拶に行く計画を立てよう」

そう僕は決心した！

出雲に日本の神様が大集結

さて、僕が出雲への交通機関をせっせと調べていると、背後からガガの声が飛んできた。もちろん言葉の主は妻、ワカなんだけど。

「タカや。おまえ、そこだけは感心だがね。決めたら即行動へ移す」

「そこだけって（笑）。ガガさんも辛口だな」

僕は気を良くして返事をする。ガガに褒められるなんて珍しい！　たとえ「そこだけ」

でも（笑）。

「しかし、そんなことをしなくても出雲のオオクニヌシの力を借りる手段はあるのだよ。どうだね？　知りたいかね？」

なに？　それは聞き捨てならない。

「どういうことでしょうか。ガガさんどうか教えてください！　ははー」

僕は手を合わせて頭を下げた。お得情報を得るには、体裁なんか気にしてはいられないのだ！

「ふふん♪　よかろう、教えてやるがね」

気を良くしたのかガガは上機嫌で話し始める……かと思いきや視線を横に向けて、

「さて黒龍。あとは任せるがね」

まさかの丸投げ。マジで⁉　とはいえ、僕も説明がわかりやすいほうが助かるわけで。細かい説明は黒龍のほうが上手なわけで（笑）。さすが僕とコンビを組んでいる龍神様だけある。

「では僭越《せんえつ》ながら」

黒龍号、登場。相変わらず白衣に銀縁メガネを……、ん？　なんだろう。見えないけれど、なにやらいつもより明るい空気を感じる。

「私もちょっとおしゃれをしようと思いまして。メガネの色をピンクに変えてみました。いかがでしょうか？」

！！！！！！

まさかのイメチェン。黒い龍神様×ピンクのメガネとは。

「そ、想像するとなんだかすごいスタイルだわね……」

ワカも微妙に固まっていた。

「とっとと説明に入りたまえ！　黒龍のファッションチェックなんかしないでいいがね。くだらん！」

あ、はいはい。僕たちは黒龍の声に耳を傾ける。

「まず日本では10月のことを『神無月《かんなづき》』と言います。この由来はご存じですか？」

「えぇと。確か、出雲の国に神様が集まるから、ほかの場所に神様がいなくなる。だから神無月と……」

うろ覚えだがそんな感じだった気がする。

「そうです。年に一度、全国の神様が出雲国のオオクニヌシの力を借りに行くのです」

「力を借りに？」

僕は聞き返した。

「どういうことでしょう？」

「どんな願いでも必ずなにかしらの縁が必要だと言いましたよね」

「はい」

「全国の神様は自分が受け取った願いを叶えるために、オオクニヌシの強力な縁結びの力を借りに行くのです」

「ええ!?　神様もですか？」

全国の神様からも頼られるオオクニヌシ！　どれだけすごい神様なんだ。僕が驚くのを愉快そうに確認すると、黒龍は続けた。

「全国の神様がどの願い事を出雲国まで持って行くかは、その神様に委《ゆだ》ねられます。ならば、自分の願い事を優先して持って行ってもらいたくはありませんか？」

「そりゃそうよ♪」

ワカが言う。獲物を狙うランランとした眼には、絶対に自分の願いを持って行ってもらおうという気迫が見える。我が妻ながら恐るべし……。

「ならば、**神様が出雲国へ旅立つ数週間前から神社にお願いをするのがよろしい**でしょう。人間もそうでしょう？　**昔の話よりも、最近聞いた話のほうが強く印象に残る**はずです」

確かにどんなことでも真新しい案件のほうがより意識に残りやすいのは当然だ。でも驚いたな、それが神様の世界でも同様だなんて。

「神様も人間も基本は同じです」

黒龍さんは穏やかな眼差しを僕たちに向けながら、静かに解説を続けた。

「人間でもなにか陳情があったとします。そのときに直接総理大臣に届けようとしても無理というものです」

そりゃ無理ですね。

「そういうときはまず、地元の政治家などを通して陳情を持って行ってもらうのです」

僕は政治家の友達から聞いた話を思い出した。国会議員秘書だった彼は、地元の議員や首長が持ってくる陳情をよく受け取り、実現に向けて働いていたという。国とのつなぎ役も地方の政治家の大事な役目というわけだ。

そして、それは神様も一緒。地元の小さな神社の神様が氏子たちのために出雲国へ年に一度旅に出る。その願いを叶えるために働いてくれているのだ。なんだかすごくけなげで、そしてありがたい……。日本人は神様に守られている。

「人間が神様に合わせて行動することで、願いもより叶いやすくなるんですね」

僕は感心して言った。

「そうです。神様も自分たちのことを理解してもらえれば、より一層喜ぶのです。願いの小包を運ぶ私たちも運びがいがあるというものです」

そう満足げに言うと、黒龍は身を翻《ひるが》して去って行った。

神様にご挨拶する順番で、願いの効果も格段に違う（鹽竈神社《しおがまじんじゃ》①）

焼けつく太陽の下、僕たちは長く、そして急な階段を登っている。

「まったく人間は面倒な生き物だがね。いちいち足で登らなきゃならんのだから。我々龍神はひとっ飛びだがね」

ガガの声が飛んでくる。いや、龍神自体が飛んでるんだから「降ってくる」が正解か？

「はあはあ。仕方ないでしょ！　人間は飛べないんだから!!」

龍神と妻の不毛とも思えるやりとり。僕たちが息を切らして登っているのは宮城県塩竈市に鎮座する、鹽竈神社の男坂だ。東北鎮護・陸奥国一之宮《むつのくにいちのみや》として古くから多くの人々の崇敬を集めてきた、まさに由緒正しき神社である。さすがにすぐに出雲大社まで行くことができないので、県内の神社にご挨拶に訪れた。

長い石段を登り切ると拝殿に向かって歩を進める。身体から汗が吹き出す。あち～。

「随身門」「唐門《からもん》」と呼ばれる大きな赤い門をくぐると鮮やかな朱色の立派な拝殿が目に飛び込んでくる。この拝殿は「左宮」「右宮」と二つあるのが特徴だ。

「いや～、いつ来てもキレイな神社だわ。石段登った甲斐があるよね」

満足そうなワカ。

「おい。おまえら」

ガガの声が境内に響く。とはいえ、聞こえるのは通訳をするワカの声なんだけど。

「はい、なんでしょう？」

汗を拭って聞き返す。

「正面の拝殿にはどんな神様がおるか知っているかね？」

「もちろん。左宮に『タケミカヅチ』。右宮に『フツヌシ』」

ワカ、即答。早っ。

「どちらも天孫降臨の神話で活躍した神様ですよね」

古事記の知識はちゃんと勉強しているぜと僕もアピール。

「では、『左宮』と『右宮』、それぞれどちらが格上かわかるかね？」

「え？　神様にも上下関係があるんですか？」

僕はちょっとのけ反った。はたから見たら見えない空間にしゃべりながらのけ反る、さぞかし怪しいセント君似の変人に違いない。

「日本人は自然と共に生きてきた。だから神社を建てるときも場所や向きに注意したのだ」

「というと？」

ガガの声に耳を傾ける。

「この右宮と左宮の社は、どちらを向いておるかね？」

太平洋は東だから……と海の方向を確認すると、ちょっと考えてから慎重に答えた。

「南向きですね。多くの神社は南向きと聞いたことがあります」

「さよう。ならばタカや。太陽はどちらから昇るかね？」

「ええっと……」

僕が即答できずにきょろきょろと方角を確認していると、

「東だから。拝殿で言えば左側から太陽が昇って、右側に沈んでいくんじゃない？」

ワカがすぐに答える。こういう判断は早い。なぜなんだ？　道は憶えられない生粋《きっすい》の方向音痴なのに。

「正解だ。ではここ鹽竈神社のように『左宮』『右宮』が分かれておる場合はどうだね？」

「あ！　わかりました。太陽の昇る『左宮』のほうが格の高い神様になるんですね！」

ガガは「うむ」とうなずいた。やったぜ、オレ。

「だから**神棚で神札を祀るときも左側（向かって右）に最も大切な氏神神社。そして崇敬神社を右側（向かって左）に配置する**のだ。住んでる土地を守ってくれる神様をまずは第一に、という礼儀だがね」

「でもさ。じゃあ、なんで主祭神のシオツチが祀られる別宮は西を向いてるのかしら？」

そうだ、鹽竈神社の主祭神であるはずのシオツチはなぜか西を向いている。

「おまえら、ホントにバカだな！」

雷のようなガガの声が鳴り響く。ヒエっ。

「シオツチは海の導きの神様なのだよ」

「ああ、そうか！　海だ」

僕はパチンと指を鳴らした。ガガが言う。

「参拝者が海の方向（東）を向いて参拝できるように、シオツチの別宮だけ西に向けたのだよ。なんといっても別宮というのは特別、言わばスペシャルだからな」

「なるほど～。やっぱり日本人の知恵とこだわりはすごいです。こんな神社の配置にまで神話の世界が広がってるんですから」

「参ったなあ」と僕はため息をついた。東北にある鹽竈神社でもそうなのだから、全国の神社にはもっと大きな意味を潜《ひそ》める神社が多くあるに違いない。本当に興味深い。

僕たちはガガに教えられたように格の高い神様から順番に参拝をする。

「ま、おまえらまだ勉強するがね。どんどんいい出会いをして学びたまえ。そんなわけで、我は日焼けしたいから海岸で日光浴してくるがね」

そう言うとガガはヒュンと飛び去った。ガガが日光浴？　白龍が日に焼けたら、こんがり小麦色になるんだろうか？　ちょっと見てみたい気も……する。

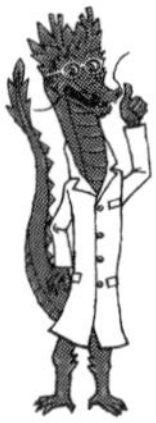

「神」と「GOD」は全然違う（鹽竈神社②）

ガガが日光浴に行ってしまったので、僕たちは境内を散策した。静かだ。神社は聖域と呼ばれるだけあってエネルギーが心身にチャージされるのを感じる。

東西に並ぶ左宮・右宮の拝殿、海のほうに位置する別宮拝殿はいずれも春日大社を思わせるような見事な朱色で観光客の目を楽しませている。これも春日大社の神様をお祀りしているからなのだろうか。

唐門を出ると右に歩を進めた。ここの空間が、ワカのお気に入りスポットなんである。

「最近忙しくて疲れてたから、だいぶケガレ（気枯れ）てるような気がするわ。いっぱい気をチャージしていこっと」

背伸びをしながら、気持ち良さそうに深呼吸している。

「うん、そうしよう」

そう言って僕は大きな杉の木を見上げた。立派なしめ縄が巻かれ、紙垂《しで》が下がっている。

きっと御神木だろう。日本人は一本の木にも神様が宿ると考えた。神様のことを1柱、2柱と数えるのもそれが由来とも言われているようだ。

そしてその奥に目をやると、朱塗りの木造で銅板葺《ぶき》屋根を掛けられ並んでいる小さな社が目に留まる。近づいてみると住吉、稲荷、八幡など見慣れた神社の名前が並んでいる。この神社のご祭神とゆかりのある神様がお祀りされているのだ。

「こういういろんな神様が力を合わせて日本を創り、そして守ってくれてるんだね」

僕がしみじみ口にすると、横でワカがいつの間にか裸足になって草の上で寝転んでいる。

「タカ〜、気持ちいいよー。ここはあんまり人来ないし、ゴクラクゴクラク♪」

神様たちの横でごろりんこ。心地良さそうに転がる妻を眺めながら、僕はふと思う。

「龍神もそうだけど、日本の神様ってこんなに身近にいてくれる存在なんだよな」

すると一陣の風が吹き抜けた。そして、黒龍の声が飛んできた。

「そうなのです」

もちろん仲介しているのは横で転がる妻である。

「日本の神様はみんなで人間を助けてくれています。それは神様も完全ではないから、龍神も含めて力を合わせて一緒に頑張ってるんです」

「完全じゃない？」

そのひと言に首を傾げた。神様ってなんでもできるんじゃないの？　目で問いかける。

「うーん、やはりタカさんもそうでしたか」

黒龍が残念そうに言った。

「日本人はいつの間にか、神様は完全、神様は間違わない、神様はなんでも知っている。そんな完全無欠のイメージを持つようになってしまいました」

「ち、違うんですか？　僕もそう思ってましたけど」

だって神様ですもん。

『ＧＯＤ』と『神』は違います」

そのひと言で僕はけげんな顔を黒龍に向ける。英和辞典を開いても、神の英訳はＧＯＤとなっているんだけど、どう違うんだろう？

「ＧＯＤとは万物の創造主を指します。つまり、世界を造った存在です。だから間違いがあってはいけません。完全無欠でなければ世界が不完全ということになってしまいます」

確かに一神教の外国のＧＯＤは、「先に神様がいて、その後に世界を造った」となっている。たとえば聖書では、６日間かけて天地を創造したと書かれている。この世界を造ったのだから不完全なはずがないのだ。

「しかし我が国、日本ではどうですか？」

黒龍が僕に視線を向ける。

「古事記では先に世界があり、その後に神様が現れたと……」

そこまで言って僕はハッとする。なるほど、そういうことか。古事記の冒頭はこうだ。

「天地（あめつち）初めて発（あらは）れしときに、高天原（たかまがはら）に成（な）りし神の名は……」

確かに、日本の神様は世界（天地）が出来てから誕生している。そこがGODとは根本的な違いである。しかもイザナギという神様は、国を造る途中で妻が死んでしまうと、「死なないでくれ。まだ国は不完全なんだ」と自分たちの造ったものが不完全だと認めてしまっているほどだ。不完全なものを造る神様が完全無欠とは言い難い。

最高神アマテラスだってそうだ。挨拶しに来た弟に対し、襲ってきたと勘違いして完全武装して出迎えたり、地上世界に遣わした使者が戻ってこないので、どうしたんだろうと悩んだり。相手の心も読めず、地上のことも見えていない。

「でも、だからこそ魅力的なのです。人間とも仲良く協力して、一緒に成長してきたのです。人間だってちょっとおっちょこちょいな人のほうがかわいかったりしませんか？」

「ええ。なんでも完璧にこなす人ってなんか取っつきづらいですもんね」

これはもう実体験だ。なんとかカッコつけてたときの僕には、だーれも寄ってきてくれなかったから（笑）。

「だからタカの本は共感を得られたのかもね。ダメダメっぷりをそのまま暴露したから」

御神木の横に転がって、ワカがケラケラ笑った。風に揺れる木々がサワサワと騒ぐ。もしかしたら木に宿る神様が一緒に笑っているのかもしれない。そう思うとなんだかうれしい気持ちになってくる。

「木・草・海・川……、そのすべてに神様を感じ、祀った。その日本人の感性に我々龍神も引かれたのです」

黒龍が諭すように言う。

「だからGODと神は違うのか」

僕はポツリとつぶやく。確かにそうかもしれない。かつてキリスト協会でも日本人に創造主（GOD）のことを「神」と説明したのは間違いだったのでは、と議論になったことがあるらしい。

昔、イエズス会の宣教師ザビエルが、彼らの奉ずるGODを日本人にどのように伝えるかと思案したそうだ。当初は真言宗の「大日」を採用したが失敗、その後「天主」「天帝」「天尊」などの語を当てはめたがどれもダメで、最終的に「神」が主流になったという。

宣教師たちにとってGODとは、万物の創造主であり完全無欠の存在。日本人にとっての神様は、身の回りで守ってくれる八百万の存在すべて。だけど「目に見えない」「畏れ多い」という共通項でなんとなく会話が成立してしまった。そこからすれ違いが始まったと言われている。

キリスト教の宣教師にとっては、創造主を不完全な神様と一緒にされたのが嫌だったのだろう。だって創造主という概念自体が日本人にはなかったから。

だけど日本では戦後70年以上、日本での本来の神様の話をしなくなった。神話教育をしなくなったのだ。その代わりに西洋をありがたがり、有識者と言われる人ほどこぞって西洋化を推奨していった。そしていつの間にか、「神様は完全無欠」というGODのイメージが世の中を支配するようになってしまったのだ。

「神様は完全無欠。なんでもお願いすればいい。そういう一方通行な考えでは私たち神族は衰退します」

黒龍がぴしゃりと言った。

かつてガガが言っていた。神は人間の祈りで力を増し、その代わりに人間に幸運を授ける。これは鎌倉時代の法律「御成敗式目」でも書かれていたから日本人も理解していたことだ。神様と人間は互いに支え合うお互い様の存在。そうやって共に歩んできたのが、僕たちの住む日本という国なのである。

お守りは何個持ってもOK

帰り際、神社のお守りをいただくことにした。僕はいつも好きな神様のお守りをバッグに下げている。

実は以前、ガガに聞いたことがあるのだ。「お守りっていくつ持ってもいいんですか？お守り同士が喧嘩するとか心配なんですけど」と。するとガガがあきれたように言った。

「神様同士は喧嘩なんかせんがね。とても大らかだからな」

「じゃあ何個持っても大丈夫ですね」

僕が安心すると、ガガは「ただし」と付け加えた。

「一つ一つを大切に扱うことが大事だ。どこかに放っておいたり、忘れてしまうのはタブーだがね。お守り一つにも神様が宿っているのだからな」

それを聞いてから僕はお守りを神棚の前にお祀りして、出かけるときにその都度ご一緒する神様を決めるようになった。

「今日は大きな仕事だから、うまく導いてもらえるよう導きの神様シオツチさんと一緒に」とか。「今夜の会合はたくさんの人と会うから良い縁をつないでもらえるよう、縁結びの神様オオクニヌシさんと一緒に」という感じだ。妻ワカなんかは「山の神様はなかなか海を見ることないだろうから、一緒に海に連れてってあげよう」とか言って、山の神様オオヤマツミさんのお守りを携えて出かけたりもする。そうやってお守り一つでもいろんな付き合い方があるのだ。

「ちなみにお守りに期限ってあるんですか？」

お守りの期限は1年とちまたではよく聞く。

「**おおむね1年で交換するといいがね。力が弱くなるというよりも、1年に1度くらいは**

神社の神様に挨拶に行くのが大事ということさ。それにボロボロになると、なんとなくありがたみも薄れてくるものだ」

「確かに見た目が貧相になると、力も落ちたような感じになりますもんね」

僕がうなずく。

「さよう。ただ、なかなか行けない神社や思い入れのあるお守りはそのまま持っていても構わんよ。要は神様を敬う気持ちが薄れないように。それが大切なことだがね」

お守りは何個までとか、年に1度は変えなきゃいけないとか、そういう制限を付けているのは人間のほうだ。神様を敬い、感謝の気持ちを忘れない。その気持ちを忘れなければいいのである。

月の力をうまく利用した日本人のすごい知恵

「ところで」と僕はガガに問いかけた。

「最近、月や星という天体の動きを見て運勢を占ったり、引き寄せを行ったりする本も多く見かけるようになりました。月や星ってそんなに深い意味があるんでしょうか？」

はるか昔、この日本でも陰陽師《おんみょうじ》と呼ばれる人たちが、星の動きや月の満ち欠けにより運気を読み、助言をしていたという。国家の話であれば、ただの戯《ざ》れ言《ごと》とは思いにくい。

「もちろん大いに意味はあるがね」

「教えて教えて。これは特に興味あるのよ、私」

ワカが身を乗り出す。

「では聞くが、おまえらも神社でお朔日《ついたち》参りをするだろ？　それから月並祭だ。あれはいつやるのかね？」

「お朔日参りは毎月1日です。月並祭は神社によって違いはありますが、1日と15日に行うところが多いようです」

僕たちも1日と15日には意識して神社に行くようにしている。この日は特にご神気が強まると聞いたことがあるからだ。

「では、なぜ1日と15日に行うと思うかね？」

「なぜ？」

うーん、考えたこともなかった。僕は頭を捻って答えを探す。

「月の最初と真ん中だと、キリがいいからですかね？」

ガガは「やれやれ」とため息をつくと、あきれたように話を始めた。

「そもそも日本の暦というのは、もとは旧暦を使用していた。旧暦はわかるだろうな？」

「それはわかる。新暦は太陽で旧暦は月。それぞれの動きを暦にしたものよね」

「名答だ。では、お朔日参りや月並祭を行う1日や15日を旧暦で考えてみたまえ」

旧暦は月の満ち欠けを基準にしているから……。

「あっ！」

僕は思わず声をあげる。

「**1日は新月で15日は満月。つまり月の満ち欠けを見て、神社での神事を執り行っていた**ってことでしょうか？」

ガガは僕の答えを聞くと満足そうにうなずいた。

「やるじゃないか、その通りだがね。日本人は海の満ち引きを見ていて、月の満ち欠けとの関係に気が付いた。月の見えない力が地球にまで作用していることを知ったのだ」

「月と地球のあいだには引力が働いています。その『引力』という引き寄せる力を自分たちの運気や神様の力にも活用したってことでしょうか？」

僕は興奮して聞いた。

「さよう。だから日本人にとって、月の力を活用するのはごくごく当たり前のことなのだよ。運のいいヤツのことを昔から言うだろ、ほら」

「ツキがある！」

僕とワカの声がキレイにそろった。まさかそんな意味があったとは。

日本人は古来から月の力までも利用していたのだ。そして月のリズムに生活を合わせることで農作業をスムーズに進め、大きな収穫を得られるようにもした。詳しく調べてみると、いまでも月の動きに合わせて「種まき」「移植」「収穫」の時期を管理する農法が残っていた。

「ちなみにだが、殺人事件などの重大事件が満月の日に多く起きることは知っているかね？」

「え？　マジで？　そうなんですか？」

僕は目を見開いた。知らなかった。

これまた調べてみると、確かに満月の日には出生率が上がり、自殺や殺人事件が増える

というデータを発見した。これには僕もビックリしたのだが、偉大なる龍神に言わせれば
そんなことは当然のことらしい。
「さっき海の満ち引きの話をしたが、人間の身体もほとんどが水で出来ている。その割合
はどれだけだか知っているかね？」
「約70％です」
「さよう。地球の海の割合もおおよそ70％でほぼ同じだ。月の力が地球に影響を与えてい
るのであれば、同じく人間に影響を与えていても不思議じゃなかろう」
「じゃあ満月の日の重大事件も？」
ワカが眉をひそめて聞いた。
「満月の日は引力が強まり、体内のエネルギーが活発になる。それをコントロールできな
い人間もいるということさ。だから、逆にそのエネルギーを良い形で使おうと神事を行い、
神様に捧げることにした。まったく日本人は世の理《ことわり》をよくよく理解していたものだがね」
ガガは感心するように静かにうなずく。そしてカッと目を見開くと、突然まくし立てた。
「それなのにおまえらはなんだ！　まったくわかっておらんではないか！　実に嘆かわし
い！」

そ、そんなに興奮しないでください。

でも、ガガの言うこともちょっとわかる。僕たちはいつの間にか日本の文化を忘れ、西洋の文化をありがたがるようになっていた。自分たちの根っこにあるのは、『日《ひ》の本《もと》』という国のＤＮＡであるというのに。

お金を引き寄せるためのお賽銭訓練

お金のことは聞きにくいものだ。しかし、僕にはガガの教えを世に広めるという役割がある（言い訳）。仕方がない、読者のために聞くしかない。

「お賽銭はいくらがいいんでしたっけ？　願いが叶いやすい金額とか」

「確か気持ちが伝わる額がいいって言ってたわよね」

ワカが思い出したようにつぶやく。

「その人間によって気持ちの表し方は違うものだ。財布に何十万円も入っているヤツが出す100円と、子供が少ない小遣いのなかから出す、なけなしの100円ではまったく重みが違うがね」

言われてみればそうです。たとえ同じ額でも、人によってその重みは変わる。

「これは賽銭に限った話ではないがね。金を出すという行為はだれかを喜ばすことにつながる。賽銭で神様を喜ばせるように、本を買えば本屋が、野菜を買えば八百屋が、服を買えば服屋の収入となり、金を払われた側は喜ぶ。そうして循環が生まれ、やがてその循環が自分へ戻ってくる。だが、」

そう言って僕たちを一瞥《いちべつ》するとちょっと語気を強めた。

「その金の流れを止めているのは人間だ。人間の『無駄遣い』のせいなのだよ」

「無駄遣い？」

僕が首を傾げながら、「無駄なものを買わないとか高いものを買わないとか、そういうことですか？」と尋ねる。子供のころから「無駄遣いはしちゃいけません」と言われて育った人は多いと思う。でも、そんなことは当たり前だ。だれだって知っている。無駄遣いが好きな人などいないと思うんだけど。

「どうやら人間は無駄遣いの意味を履き違えているようだな」

「無駄遣いってほかに意味あるの？」

ワカが怪訝な顔で聞き返す。

「いいかね。もしおまえが高いものを買って無駄遣いしたと思ったとする。しかし、高い金を受け取った相手はその分喜ぶ。たとえおまえが無駄だと思っても、その金が動いたことで喜ぶ人間が必ずいるのだ。おまえの見えないところでもな」

「まあ広く見ればそうでしょうけど」

なんだか納得いかない。

「じゃあ、一体なにが無駄遣いなんでしょう？」

「それは金を出すときの気持ちだよ」

「気持ち？」

僕はますます困ってしまった。ガガが続ける。

「**金からすればな、受け取る側だけでなく支払う側にも喜んでほしいのだ。金は生き物なのだよ。だから金を気持ちよく出せるヤツは金に好かれて金回りも良くなる**」

「つまりはさ、お金を支払うときの『払いたくないわ』『高～い』『もったいない』っていう感情が無駄ってこと？」

まとめると、そういうことになるのだろうか。

「さよう。それが我々の言う『無駄遣い』の正体だ」

ガガはそう言うと、一瞬間を置いてから僕に視線を向けて続けた。

「タカや。おまえだって遊びに行くなら気持ちよく送り出されたいだろ？　家を出るときに『ホントは行かないでほしいの、ヨヨヨ……』とウジウジされたら嫌だがね。帰るときにも足が重くなるものだ」

「でしょうねえ。たとえ戻ってもまた束縛されそうで嫌です、はい」

「え？　束縛しないじゃん！　私」

とワカの攻撃。いや、だからたとえばの話ですから。

「金も同じさ。気持ちよく使われたほうがいいのだ。それが人のために使う金ならなおさらだ。自分の存在が多くの人の喜びになるとわかるからな。そんな使い方をしてくれる人間の元に必ず金は戻ってくる。仲間を連れてな、ぞろぞろと」

仲間？　お金が仲間のお金を連れてぞろぞろと……。むふふ。想像しただけで顔が緩む。やらしいヤツと言われても構わない（笑）。

「人間は祈りによって神や龍神を生み出した。ならば身の回りで人間の思いが最も集中する存在はなんだと思うかね？」

「そりゃ、やっぱりお金よ。だれだってお金は使うし、意識しないわけないでしょ」

「それならば金に心が入ったって不思議はあるまい」

僕は心から納得して、うーんとうなってしまった。なぜなら、あるときお金に話しかけるようになってから、僕の金運は確実に上がったからだ。きっかけは、ずっと大事にしまっておいた1万円札（ここでは諭吉さんと呼ぼう）が、ある日なんだか悲しそうに見えたことだった。その諭吉さんはヘソクリとして、長年財布の定位置に居座り続けていた。一見、大切にされているようだが、出入りが激しいほかのお金たちをいつもうらやましそうに見ていた（ような気がした）。だからあるとき、「諭吉さん、働きに出てくれ」と豪華な夕食と引き換えに自由にしたのだ。幸せな食事ができた。諭吉さんに感謝した。すると不思議なことに、それから間もなく金運が上がってきたのである。

「金の持つ感情は単純だ。自分の価値を認め、気持ちよく使う（働かせる）人間を好む。おまえはずっと働けなかった諭吉さんを、本来の仕事に戻してやったのだよ。しかも気持ちよくな。諭吉さんは張り切って働き、気持ちよく仕事をさせてくれたおまえの元にまた帰りたくなったのだ。そして、旅先で出会った仲間を連れて戻ってきた」

ガガが愉快そうに「ガハハ」と笑う。

お金が仲間を連れてくる。これ、いままで書かれたことないんじゃないか？　すごい真理だ。なんせワカが隣で必死にメモっているくらいだから（笑）。

金払いのいい人を見ると「あの人はお金持ちだから」とか「お金があるからできるんだよ」なんて声をよく聞く。でも違った。むしろお金がないから出すのだそうだ。気持ちよく出して、お金に仲間を連れてきてもらえるように。しかもそこに「もったいない」という感情は持たない。それがポイントだという。

ガガによれば、**お金持ちの家に生まれた人が一生お金持ちでいられる確率は半分にも満たないそうだ。逆に、いまお金持ちと言われる人が生まれたときからお金持ちだった割合も半分以下。つまり、お金にどれだけ好かれるかというのは「後天的なもの」らしい。だからお金に好かれる生き方は、いまからだれにだってできる**わけだ！

「その考えからいけば、お賽銭を気持ちよく出すことがいかに大事かがわかります」

たとえば、ちょっと大きな額を気持ちよく出せるようになれれば、なおいいだろう。だって、なにかを買ったときみたいに目に見える見返りは神社にはない。でも、神社でそういう気持ちを表せるようになれば、きっと普段はより気持ちよくお金を使えるようになる

と思う。神様にも喜ばれ、お金の使い方の訓練にもなる。お賽銭訓練、これいいかもしれない。心の中でにんまりする僕。すると、

「タカや。なにマヌケなタコみたいな顔してるんだね？　気味悪いがね」

「いや、だからタコじゃねーし！」

どうしても僕をタコにしたいらしい。

「ややっ。それよりもだ！」

ガガが突然雄たけびをあげる。

「我も黒龍のようなメガネが欲しいのだよ」

……は？

「我は近眼か老眼なのだ。『さんぐらす』も悪くないがね」

どうやら眼鏡の役割をガガはわからないらしい（笑）。ここはやはり黒龍に相談だ。ピンクのメガネを調達してきた黒龍なら、きっとなんとかしてくれるだろう。なんとかしてくれる……はずだ。

「意欲」と「我欲」

いまに始まったことではないが、僕たちはよくこんなことを聞かれる。

「良い欲と悪い欲の区別って、どうやってつければいいんでしょうか？」と。人を陥れる悪意のない欲なら、どんな欲でも別にいいんじゃないの？とは思う。しかしながら、あまりにも多い質問なので、ここは専門家に聞いてみることにした。

「ガガさん、『欲』ってなんでしょう？」

人間界ではよく欲を捨てよ、なんて言うけど、ガガは以前「欲がなければ成長しない」と言っていた。そこのところがわからない。

「欲は欲だろう？　それ以外のなんでもないがね」

相変わらず答えになっていない。さて、どうやって聞き出そうか。僕は頭をひねる。

「たとえばさ、自分がなんの努力もせずに『あれが欲しいこれが欲しい』っていう欲求はダメよっていうことじゃない？　欲しがり屋さんというか」

ワカが横から口を出した。

「他力本願ということかね？」

そうです、そうです。僕は何度も頷いた。

「たまには『ラッキー♪』ということがないと人生面白くないから、それは構わんさ。しかし、人間は味をしめてしまう生き物だ。その『ラッキー♪』が起きて当たり前だと思ってしまう。そこが問題なのだ」

一度、楽を覚えると味をしめて癖になる。それが人間の性ということか。人間の僕は耳が痛い。

「では、自分で『こうなりたい』という欲求から努力するのは良い欲になりますね？」

「さよう。**欲とはすなわち『意欲』のことさ。食欲がなければ死んでしまうし、性欲がなければ子孫の繁栄もない。生きること自体がすでに欲なのだよ**」

欲＝意欲か。

「そういう欲はどんどん出すがね。出世したい、金持ちになりたい、スターになりたい。そのために一生懸命に仕事をする、資格を取る、練習をする。自分を高みに連れて行くために動く。そんなときは他人の目など気にはならん。しかしだね」

ガガはそう言うと静かに息を吸い込んでから、ちょっと困ったように言葉をつなげた。

「他力本願になると他人のことが気になるようになる。自分は楽をして欲を満たしたいから、他人が頑張ってるのが気になりだすのだよ。挙句の果てには足を引っ張ったり、だれかから奪い取ることを考え始める」

「つまりは、**他人の邪魔をしてでも自分一人が満足すればいいという『我欲』がいけない**ということですね」

「その通り。我々神族は人間のワクワクする魂を欲する。我欲が強いヤツは他人のそのワクワクを奪うのだよ。我々の食い物を奪うのだ。まったくどういうことかね！」

ヒートアップするガガ。どうどうどう、落ち着いてください。

「でも、そう考えるとわかりやすいかも」

こぽこぽとコーヒーを入れながら、ワカが言った。いい香りがリビングに漂う。

「自分で幸運を取りに動く人なら他人のことは気にならない。でも、楽をして幸運になろうと思ったら他人が気になるわ。だって、あの人うらやましいって思うもん。そういう人ほど隣の芝生が青く見えるんだと思う」

広辞苑で『欲』を調べると、欲しがること。自分のものにしようと熱心に願い求めること、という説明が出てくる。これは『我欲』の意味合いが強い気がする。だから日本人は、『欲』と聞くと他力本願で他人から奪うようなイメージが強いのかもしれない。

「そうか。僕たちがトークイベントで『欲がなければ成長しませんよ』って言うとみんな怪訝な顔をするのはそういうことだったのか」

僕は顎に手を当ててうなる。そんなふうに思われているとは考えもしなかった。

「我の言う『欲』とは、自分が成長したいという意欲につながることだ。それは向上心と言ってもいいがね」

向上心。現在の状態に満足せず、より優れたもの、より高いものを目指して努力する心。だからこそ人は成長する。ガガが言う欲とは、これを指すということか。

「それに欲と向上心は表裏一体でもあるのだ」

「表裏一体？」

それは朝と夜、光と闇、生と死。コインの表裏のようにどちらかがなくても成り立たない関係のことだが……。

「5キロ痩《や》せたいと思ったヤツが食事の管理をし、毎日の運動を欠かさなかった。脂肪が減り健康になる。まさに自分を高める向上心だ。だが、その行動のきっかけは『カッコ良く見られたい』『モテたい』という欲だったりするのだよ」

「だから表裏一体ね、欲と向上心は紙一重」

ワカが納得している。

向上心の裏には必ずなんらかの欲が隠されている。昇進したい裏には収入を増やしたいとか、有名になりたいの裏にはチヤホヤされたいとか。だれのなかにも自分が満足したいという欲がある。どんな欲でもそれが「なりたいな」で終わらず、向上心につながり達成する燃料になればいいってことか。

神様の自尊心をくすぐるお願いの仕方

ガガがやって来て（正式には目の前に現れて、だが）2度目の秋を迎えた。龍神は僕たちの想像以上に人間の心理や成功哲学を知っていた。この1年と半分で、僕とワカの生き方と考え方は以前と大きく変化した。そして今日は、紅葉が美しい地元のとある神社に参拝している。

「ガガさん。神様は『幸せ』という気持ちを感じるのでしょうか？」

落ち葉を踏みしめて歩く。カサカサ、カサ。移りゆく季節を感じるだけで、僕はとても幸せだ。おこがましいかもしれないけど、神様にも幸せを感じてもらえたらうれしいと、ふとそう思ったのだ。だから意を決してガガにその疑問をぶつけてみた。

「神様が幸せを感じるかだと？　それはわからないがね」

風を起こして枯れ葉をまき散らしながら（！）ガガが答える。ああ、せっかくキレイに掃除してあったのに。

「少なくとも我には幸せの感情がある。だから、たぶん神様にもそれに近い感情はあると思うがね。それに承認欲求はあるから、認められれば幸せを感じると思うがね」

「へ？　承認欲求が神様にもあると？」

僕は驚いて聞き返した。

「さよう。この日本において神様は人間たちを守ってきたのだ。そして人間たちもそれに応え、神社で祭りを行い、喜びと感謝の気持ちを神様に捧げてきた」

神社を修理し、祭祀《さいし》を専《もっぱ》らにすべき事。御成敗式目の第1条に掲げられている言葉だ。

祭祀を怠らずに神様へ感謝の気持ちを忘れないようにということだ。

「しかし、人間はその祭祀の意味さえ忘れてしまっているのだ」

ガガは寂しそうに息を吐く。あ、また風が起こって枯れ葉が派手に散らばる……。ごめん、神主さん。

「たとえばだね、おまえたちが頼りにしているあの神様だが」

「困ったときのオオクニヌシね？　私、超頼ってる！」

オオクニヌシの縁結びの力には本当にお世話になっている。もちろん、その願いを運んでいる龍神様あってのことだけど。

「オオクニヌシは出雲大社のご祭神として、実に多くの信仰を集めているのだが」

シーズンの参拝はすさまじい行列ができるという。最近はパワースポットとしても有名だ。

「人気の神社の神様は、人間の祈りによってまだ力を持つことができている。しかし、人間に忘れられ、力を失いかけている神様がいるのもまた事実だがね」

「力を失う……」

かつて僕は、神様に願いを叶えてもらうことばかりを考え、大事なことを忘れてしまっていた。そうだ、神様と人間は持ちつ持たれつ、決して一方通行では成り立たない。僕たちがなにかをしてもらうだけではいけないのだ。

「タカや、おまえ。スセリビメは知っているかね？」

スセリビメ。八岐大蛇《やまたのおろち》退治でも有名なスサノオの娘で、出雲大社のオオクニヌシの妻だ。しかしそれを知る人は少ないだろう。

「スセリビメは妻として幾度となくオオクニヌシを窮地から救った強い女神だ。しかしその後、その夫が多くの妻を娶《めと》ることをとがめなかった。もちろん文句の一つも言いたかっただろうが」

確かにオオクニヌシは恋多き神だったと古事記にも記されている。妻としてどんな心境だったか、考えるといたたまれない気持ちになる。僕は男だけれども。

「オオクニヌシは国造りのために、自分の血を多く残す必要があったのだ。全国に自分の血筋を残すことで、この広い地上世界を治め、平和な国を造ろうとした」

ガガはそこまで言うと真剣な眼差しを僕のほうへ向けた。

「だからスセリビメは許したのだ。この国に息づく人間たち、そして神様たちが平和で生きる国にするために。夫が全国を旅し、各地で妻を娶り、子を残すことを認めた」

「なーんか、けなげ」

ワカがぽつりとつぶやく。

そんなこと想像もしなかった。浮気癖のある夫と嫉妬深い妻、そのくらいにしか考えていなかった。

僕たちはどうしてもメジャーな神様に意識が向きがちだ。古事記を学ぶ僕も例外ではない。その傍らにいる神様のことを忘れがちになってしまう。だけどそんな1柱1柱全員がいて、この神様の話が完璧に成り立っている。だれ一人欠けてもダメなのだ。

「そういう神様のことを理解し、わかってあげること。そして、ありがとうの気持ちを伝えること、それが必要なんですね」

大事ではなく必要なのだと、僕は感じた。

「それにな」

ガガが続けてぼそぼそと小声でつぶやく。

「妻には気に入られておいたほうがいいのだよ」

……は？

「人間も同じだろ？　妻に嫌われたら熟年離婚とか老後の介護とか、大変そうだがね」

せっかくいい話にまとまったのに、いきなり社会問題かよ（笑）。だけど、

「とにかく女神を敵に回すとやっかいなのだ」

そう言ったガガに僕も同感とうなずいた。お参りしてる妻を見ながら。人間も神様も、女性は敵に回さないほうが絶対に……いいのだ。

神様界一のモテ男に学ぶ愛されるための超単純な方法

「で、もう一ついいですか？」

ここで僕はガガに問いかける。

「そのオオクニヌシは、どうしてそんなにモテたんでしょうね？」

オオクニヌシは偉大な神様だが、それ以前にたくさんの神様に愛されてきた。それは何人もの妻を娶り、１８１柱もの子供がいることからもうかがい知れる。そしてそれは女神にとどまらず、国造りに協力したスクナビコやオオモノヌシ、さらには国を明け渡すよう

求めてきた使者までもがオオクニヌシに魅せられ、寝返ってしまったほどだ。この人たらし、ならぬ神たらしぶりはもう尋常ではない（モテない僕からしたらうらやましい限りだ）。まあ、だからこそ全国の神様も頼りにするほどの縁結びの神様になり得たのだろうが。

「世の中の法則として、やったことは返ってくると教えたがね」

「ええ」

良いことも悪いことも、ブーメランとなって返ってくるという話だった。

「それは神様の世界でも同様だ。オオクニヌシはそれを実践しただけなのだ」

「つまり愛されるオオクニヌシは、先にみんなに愛を与えていたとか？　愛の前払い？」

「ぶはは！　愛の前払いとは面白いじゃないか。その通りだ。オオクニヌシはかつていじめられっ子だったのだ。しかし、他の人（神）にはそんな気持ちを味合わせることのないように自分は皆を愛した。どんな仕打ちを受けてもな」

末っ子のオオクニヌシは、かつて兄たちのこま使いとしていいように使われていた。旅の荷物持ちをさせられ、美しい女神がオオクニヌシに恋すれば、兄たちの嫉妬を受けて何度も殺されそうになった（というか2度も殺されている）。つまり、イジメられる人（神）

の気持ちを理解していたのだ。だから自分の周りの人（神）をそんな気持ちにさせないように精いっぱい愛した。自分が造った国を譲れと言ってきた使者まで愛し、歓迎して手の内に入れてしまったほどだ。まあ、その愛する気持ちが強過ぎて浮気癖のある夫というイメージが定着してしまったわけだが（笑）。

「先に与えた。それが戻ってきた。またシンプルに収まっちゃったわね」

ワカが腕を組む。

「いいではないか、シンプルで。**欲しいものはまず与える。与えることは受け取ることに直結する**のだ。愛も、幸せも、そして金もな」

そう言ってガガはニヤリ。金で締めくくるか？　さすがこの龍神様は手強い。

すべては龍神の采配

さて皆さん、ここまでお疲れ様でした。今回も途中ですったもんだ、いろいろありはし

ましたが（笑）、世の中の法則のこと、神様のこと、そして龍神のことをガガさんと黒龍さんにいろいろと聞いてきました。だいぶ理解が進んだのではないでしょうか。

そこで最後に僕たちから、龍神や神様と共に人生の旅をより良くするために、強く心がけているコツをお伝えしたいと思います。これは僕たちが実践してきたなかで一番手ごたえがあると確信した方法です。

それは**「欲しいものは先に手にする」**ということ。「これができたら、ご褒美にこれを買おう」とか、「この願いが叶ったらこれをしよう」と順番を決めちゃうことがあります。でもそんなふうに考えていると、実際は欲しいものになかなか到達しないんですね。かくいう僕も、「これを達成したらあの自転車を買おう！」と思い続けて早1年……なんてことがありました。欲しいなら先に買っちゃえよって話です。狙ってた自転車はデザインが変わってしまい結局後悔するし。

実はですね。そこが当時の僕の意思が、神様に通じにくかったゆえんでもあるんです。ガガはよくこう言います。「人間はなにを望んでいるかわからんがね。裏腹はいかんのだよ！」と。

「腹」とは思っていること。「表」はそれに伴う行動。そして、思っていることと逆の行動を「裏」と言うのだそうです。だから思っていることと逆の行動を取られると、神様も「？・？・？・」となり、その人の本心がわからないんだそうです。

龍神も神様も、人間の行動を見てその人がしたいことを判断します。だから、欲しいものが手に入る環境があるのに積極的に手に入れようとしなければ、「あ、こいつは欲しくないんだな」と判断する。だから当然願いも叶わない。そう、日本の神様はわかりやすい人が大好きなんですね。

京都の八坂神社のご祭神、スサノオのわかりやすい話をしましょう。この神様の有名なエピソードの一つに「八岐大蛇退治」があるのですが。

あるとき、スサノオは八岐大蛇という化け物に食べられそうになっている美しい娘と出会います。この手の話ではだいたいがまず、「その化け物を退治してやろう！」ってのがセオリーですが、ちょっと違うんです。

「あ、カワイイ娘みっけ♡。お父さんお母さん、この娘を僕にくださーい！」

大胆にもそう言っちゃうんです。お父さん的には「アナタはドナタ？」って状態なわけでして。おいおい！　自己紹介もせずに結婚申し込んだのかよって話です。

それでも、三貴神の1柱スサノオだと知って、「なんと高貴なお方！　喜んで私たちの娘をお嫁に差し上げます」ってことで許可をもらい、無事に結婚。そして、「俺の妻に手を出すヤツは成敗してくれる！　えいやあ！」

と八岐大蛇を退治する顛末《てんまつ》が出来上がるんです。

外国のお話だとお姫様が危ないとなると、最初に「俺が助けてやろう！」↓無事助けると↓「助けてくれてありがとう！」と無事二人は結ばれるパターンが多い。

でもスサノオは、化け物を退治してから結婚したんじゃない。先に手に入れてしまっている（笑）。日本の神様は欲しいものはまず手に入れる。したいことはする。まあ、実に単純明解な証と言えましょう（笑）。

もし欲しいものを買える状況なのに我慢して、「この仕事がうまくいったらきっと買うぞ！」と思ってるなら、もう先に手に入れて自分を喜ばせてみましょう。これがやりたい！と思ったら即、行動を起こしてみましょう。

「そうだがね。こいつらは選挙に出たり、絵本を作ろうとしたり、会社を辞めて講演を始めたりと思い立ったら即行動してきたのだ。ぶははっ、実にバカなヤツらだ」

「バカで悪うござんした」

ワカが憎まれ口をたたく。

「しかし、我々神族はそういうバカはわかりやすくて好きなのだ。だから我々はこいつらの根底にある『日本人の心を元気にしたい』という核心の願いに気が付いた。その時点では、本人たちも気付いてなかったかもしれんがな」

バカ、バカ連発しなくても。僕は苦笑いを浮かべつつ問い返した。

「じゃあ。選挙に落ちて絶望したり、絵本企画が大失敗だったのも、講演に人が全然集まらなくてあんなに苦労したのも……」

いまの僕たちになるために龍神や神様に仕組まれたことだったのだろうか？

「もちろんです」

そう言ったのは黒龍だった。

「私はガガさんに導かれてタカさんの元にやって来ました。苦しいこともありました。しかし、すべての出来事はいまのタカさんになるための道につながっていたのです」

え？　じゃあ。僕は言葉を切って宙を見上げた。

「もしかしていままでの全部が、龍神の采配……？」

呆気にとられる。声にはならない声が漏れた。

その瞬間だった。これまで出会った人の顔やそのときの出来事が、頭の中にすごい勢いでよみがえってきた。心のままに動いたからこそ、出会ったものがたくさんあった。そしてそれがなければいまの僕たちは、ない。

いくらやっても失敗の連続だった日々。悔しくて枕を濡らし、神様なんかいねーじゃん！と憤ったのも一度や二度ではない。まあ、なんとバチ当たりなことをしたものだ（神様はバチは当てないと言っておきながら、当てられても仕方ないこともしてきた自分が怖い）。

僕はガガに教えられたことをもう一度思い出す。縁結びの神様オオクニヌシは心優しい神様でみんなから愛されている。だけどもし、若いときに兄たちから殺されるほどのイジメを受けていなければ、イジメられる人の心の痛みを知ることができず、優しさや愛されることのありがたさもわからなかったかもしれない。当然、周りに愛を与えることもなかったかも。そうだとしたらいまの愛され上手なオオクニヌシは生まれなかっただろう。

僕は横に視線を向けた。ベランダに降り注ぐ柔らかい日差しのもと、時折吹く秋風に茶色い髪を揺らしながらコーヒーをすする妻、ワカ。彼女はとても愛されて育ったのだけど、大きな病気で入院したお母さんと治療費を必死に稼ぐお父さんのもとで、やむを得ず淋しい日々を送ったことがあった。一人でいることが多くて遠足でもはしゃぐことはせず、いまでは信じられないくらいひっそりとした幼少期だったという。我慢するのに慣れてしまって、学校に上がってからも気が弱く、イジメられっ子だった。

でもそれを乗り越えて、人に同じ思いをさせないように、いつしか人一倍の笑顔と強さを持つようになった。その笑顔に誘われて、たくさんの友達や仲間が来てくれた。そう、龍神や神様までもが。

もしかしたら。そういう経験は本当につらいけど、それを乗り越えることで大きな未来を手にする資格を与えられたのかもしれない。まあ、ワカは絶対否定するだろうけど。

「ふざけんな！　あの大変だった日々は神様に愛される心を持つために必要なんて言われて納得できるか！」

激高する姿が目に浮かぶ。コワイコワイ（笑）。

「……あれ？」

一瞬、なにかが脳裏をよぎった気がして、僕はまぶたを閉じた。

「どうかした？」

「いや」

あいまいに答えながら、僕は頭の中を整理する。まぶたを開く。差し込む日差しが逆光となり、この世の輪郭を映し出す。

どんなにつらいことでも、その人間の成長のためであれば、龍神はちゅうちょなく試練を与えることもあるという。上司である神様に願いを運び、その夢の実現を現場で担う。そのとき、どんな方法で実現に導くか、すべてはその采配に委ねられている。

そして人間は、長くその采配に自らの運命を委ねてきた。

「これが我々龍神の采配だ」

ガガが僕たちにくれた言葉、そのもの。

ならば龍神こそ……。思いついた言葉を口にしようとして、僕はそれを飲みこんだ。それが龍神という存在にふさわしいのか、僕の未熟な思考回路では判断がつかない。

だけど、「科学は人の知識となり力となる。信仰は人の知恵となり理性となる。ならば龍神こそが……」

途切れ途切れのピースをつなぎ合わせるように、その言葉を組み立てた。

「僕たち人間をその采配で幸せへと導く存在。その風貌の通り強く厳しく、そして時には非情の采配を振るう。でも中心には、確かに人間への強い愛情と優しさがある。だからその采配は重い……」

だからこそ人間の希望であり、すべての縁を円滑につなぎ、人間を導く存在。まさに知恵と希望の結晶。

「そうだ。**龍神とは人間の信仰から生まれた『偉大なる知恵と希望の結晶』**なのだ」

ガガの声が僕の心にいまはっきりと響いた。それは深く暖かく、そしてどこか懐かしい声だった。

「人間たちよ、この美しい世界を思い切り楽しむのだ。肉体を喜ばせ、心に栄養を与えて花を咲かせ、死ぬまで元気に生きてゆけ。喜び、悲しみ、すべての感情が感動だ。我々は見守る。もしも、我らに礼を尽くそうというのなら、どうかこの世を感動しながら体験してほしい。人間の喜びが、我々に対する最大限の贈り物なのだからな。頼んだぞ」

幻聴か、空耳か。判断がつかなかった。でも、僕には確かにそう聞こえたんだ。

「たぶん空耳じゃないよ」

ワカが言った。

一陣の風が吹く。ガガと黒龍。2柱の大きな笑い声が、青く澄んだ空に向かって、力強く昇って行った気がした……。

おわりに

初の書籍『妻に龍が付きまして…』が発売されてから早1年。当時はすべて出し切った気持ちでいたのですが、ガガさんは僕たちがまだ全部伝え切れていないと思ったのでしょう。龍神ってなんなんだ？から始まり、世の中の法則、日本の神様のルールに至るまで、ガガ先生と黒龍助手の授業を受けながら、今回も実践してきました。そして気付けばまた、一冊の本が出来上がるまでになりました。

本書でもわかるように、僕たち夫婦のダメっぷりは相変わらず（笑）。そして呑み込みの悪い僕たちのために、最近では黒龍さんがわかりやすく解説してくれることも多くなり、原稿が書きやすくなりました。僕としては大変ありがたいことです。

これからもガガと黒龍に鍛えられながら、たゆまず精進していきたいと思います。

そしていままでは、知れば知るほど人間と龍神との関係は長く深いものだという事実を切々と感じています。

龍神の記述を一番多く目にできるのは、大陸から伝わってきた仏教。その経典には龍王・龍女・善龍・悪龍という文字が並び、仏を守護する八体の龍神が八大龍王として記述されています。同じく古代中国の書物、易経《えききょう》でも人間の成長を「龍の物語」にたとえてありますし、日本でも弥生時代の史跡から龍の姿を描いた土器が発見されています。龍神はそれだけ人間となじみ深い存在なわけです。

そんな龍神は大半がアジアに、なかでも日本に最も多く存在しています。それは日本人の心性が龍神を引き寄せた結果なんだそうです。ではその心性ってなんでしょう？

本居宣長は『古事記伝』で神様の定義を次のように記しました。

「鳥獣（とりけもの）木草のたぐひ海山など、其余（そのほか）何にまれ、尋常（よのつね）ならず、すぐれたる徳（こと）のありて、可畏（かしこ）き物を迦微（かみ）とは云なり」

簡単に言えば、尊くも良い力をもたらすものだけでなく、悪いものもまたすべて神であるということ。これが日本人にとっての「神様」であると。

つまり、見えるものも見えないものも、良い悪いにかかわらずすべてに尊い神様が宿っている。すべてのものに感謝を忘れず、そして敬う。その証拠に、なんと疫病神や貧乏神までもきちんとお祀りする神社があるのですから、我が国の懐の深さはいかばかりかと思います。

そんな心性と連綿とした歴史と、色鮮やかな四季が巡る日本という国が好きだった。そして、この地に根を下ろし、いつしか龍神のふるさとになった。

戸隠の九頭龍社《くずりゅうしゃ》には、九頭龍神が古事記の神様が祀られるはるか昔から、戸隠山を守る地主神として存在していたことが記されています。そう、古事記の神様よりもずっと長く日本に根付いているのが龍神なんです。

そんなふうに書くと重々しく感じてしまうかもしれませんが、要はたくさんの龍神が日本LOVEで、この国に住んでるんです。そして皆さんと仲良くなりたくてうずうずしています。

龍神と仲良くなるのに資格なんていりません。呪文もお札も必要なし。日本人や自然のなかの心性が、なによりも強力な接着剤になってくれるはずです。一人でも多くの皆さんが神社へと足を運び、龍神と仲良くなって望む人生を実現してくれたなら、幸せを感じてくれたなら、僕たちにとってこんなにうれしいことはありません。

だってあなたが望めば、龍神はすぐにやって来てくれるのですから。

そして本書出版にあたり、今回もまた龍神たちの活躍によって結ばれたたくさんの方々にご尽力をいただきました。

ここに厚く御礼申し上げます。

平成30年1月　小野寺S一貴

■著者プロフィール
小野寺S一貴（おのでら　えす　かずたか）

作家、古事記研究者。1974年8月29日、宮城県気仙沼市生まれ。仙台市在住。山形大学大学院理工学研究科修了。ソニーセミコンダクタにて14年、技術者として勤務。東日本大震災で故郷の被害を目の当たりにして、政治家の不甲斐なさを痛感。2011年の宮城県議会議員選挙に無所属で立候補するが、当然のごとく惨敗。その後「日本のためになにができるか？」を考え、政治と経済を学ぶ。2016年に妻に付いた龍神ガガに導かれ、神社を巡り日本文化の素晴らしさを知る。著書に『妻に龍が付きまして…』（小社刊）がある。現在も「我の教えを世に広めるがね」という龍神ガガの言葉に従い、龍神の教えを広めるべく奮闘中。

◉ブログ
小野寺S一貴　龍神の胸の内
https://ameblo.jp/team-born/

◉メルマガ
小野寺S一貴　龍神の胸の内【プレミアム】
（毎週月曜日に配信）
http://www.mag2.com/m/0001680885.html

STAFF
協力／**小野寺S和香子（TEAM梵）**
カバーデザイン・イラスト／**渡川光二**
制作／**シーロック出版社**

日本一役に立つ！
龍の授業

2018年3月4日　初　版第1刷発行
2018年4月7日　第2版第4刷発行

著　者　小野寺S一貴
発行人　保川敏克
発行所　東邦出版株式会社
〒169-0051
東京都新宿区西早稲田3-30-16
http://www.toho-pub.com
印刷・製本　信毎書籍印刷株式会社
（本文用紙／ラフクリーム琥珀四六判66.5kg）
